REPLANTEACIÓN DE SISTEMAS PARA UN FUTURO SOSTENIBLE

REPLANTEACIÓN DE SISTEMAS PARA UN FUTURO SOSTENIBLE

Sade Bamimore

NEW DEGREE PRESS

COPYRIGHT © 2021 SADE BAMIMORE

Todos los derechos reservados.

REPLANTEACIÓN DE SISTEMAS PARA UN FUTURO SOSTENIBLE

Traducido por Alma E. Varela, en abril del 2022.

ISBN

979-8-88504-784-5 *Libro impreso*

979-8-88504-262-8 *Libro en Kindle*

979-8-88504-264-2 *Libro digital*

*Para mi padre y mi madre que ya partió, quienes
son mi fuerza, esperanza e inspiración.*

CONTENIDO

CAPÍTULO 1

INTRODUCCIÓN: ESTADO DEL MUNDO

---

18 DE JUNIO DEL 2018

Salí del avión sin saber qué esperar. Tenía mis reservas. Como crecí en Los Ángeles, California, estaba acostumbrada al estilo de vida acelerado de las grandes ciudades de los Estados Unidos. Tarapoto no se parecía a ningún otro lugar en el que hubiera estado antes.

En el aeropuerto de Tarapoto, sentí una fuerte oleada de calor que era completamente diferente al frío y nublado clima invernal que sentí en Lima ese mismo día. Fuera del aeropuerto, vi interminables colinas verdes y ondulantes. Estaba completamente inmersa en la naturaleza.

Vine a Perú para hacer una pasantía como parte de un programa certificado para obtener mi título universitario. Mi nuevo colega me recibió amablemente en el aeropuerto y nos subimos a un mototaxi al aire libre.

Nuestro primer destino en Tarapoto fue una estación de taxis, donde nos trasladamos de nuestro mototaxi a un auto que nos llevaría a Moyobamba. Cuando comenzamos nuestro viaje, no sabía que este viaje de dos horas por una carretera ventosa iba a ser una de las rutas más bellas y con el paisaje más hermoso que jamás había presenciado.

Las ondulantes colinas verdes que había visto desde lejos en el aeropuerto nos rodearon durante el viaje en automóvil. La luz del sol abrazaba las colinas, y los ríos y arroyos naturales corrían entre ellas. El paisaje era vasto, verdaderamente un espectáculo que jamás había visto. Mientras conducíamos, nos encontramos con las personas y las comunidades que sostenían y protegían la naturaleza así como la naturaleza los protegía y sostenía a ellos.

Justo cuando pensaba que no quedaban mejores vistas, pasamos por unos caballos que estaban pastando en esas praderas. Los letreros colocados a lo largo de la carretera decían: «Proteja el medio ambiente», «Cuide la naturaleza» y «La Tierra no es su basurero». La proclamación pública para proteger la naturaleza en esta región fue increíble para mí. Estaba absolutamente asombrada. Este fue el día número uno en el Amazonas.

DE AGOSTO A SEPTIEMBRE DE 2019

Para agosto del 2019, habían pasado ya ocho meses desde que dejé el Amazonas peruano. Durante este tiempo, los principales medios de comunicación publicaron noticias de que la selva amazónica estaba sufriendo incendios masivos debido a la deforestación. Con un aumento de la atención global sobre la región, el mundo exigió acción. Aunque la deforestación de la selva amazónica estaba ocurriendo en varios países de América del Sur en ese momento, las noticias cubrieron principalmente los incendios de Brasil debido a su gravedad.

Según un artículo de Mongabay de octubre del 2019, escrito por Sue Brandod y Mauricio Torres, en los primeros nueve meses del 2019 se perdieron casi tres mil millas de selva tropical, lo cual fue un aumento del 85 por ciento en la deforestación en comparación con el mismo período en el 2018. Como referencia, eso es más de 1.4 millones de campos de futbol de EE. UU. en bosques desaparecidos. Según el Instituto Nacional de Investigaciones Espaciales de Brasil (INPE, por sus siglas en portugués), la deforestación aumentó un 222 por ciento en agosto del 2019 en comparación con agosto del 2018.

Esta noticia me resultó demasiado familiar porque el año anterior pasé seis meses investigando casos de deforestación y escuchando historias de pueblos indígenas y comunidades locales del Amazonas peruano que fueron devastadas por la deforestación. Había afectado su vida cotidiana, su historia ancestral y la tierra a la que llamaban hogar. Reflexionando sobre mis experiencias en esa zona del Amazonas mientras escuchaba las últimas noticias del año 2019, recordé el día en que mi equipo visitó el Distrito de Barranquita.

Enormes nubes de humo cubrían el cielo, así que le pregunté a mi colega qué causaba estas nubes negras. Mi colega me explicó que la región en la que nos encontrábamos en ese momento estaba siendo deforestada. Había estudiado sobre la deforestación en un salón de clases, pero verlo ante mis ojos, fue impactante. Nunca olvidaré ese día.

Casi por la misma época en el 2019, mientras escuchaba sobre la deforestación en Brasil, los principales medios de comunicación publicaron la noticia de una joven de dieciséis años de Suecia que estaba liderando huelgas escolares semanales en nombre de la crisis climática. Greta Thunberg, la Persona del Año 2019 de *TIME*, desató un movimiento que expresó la necesidad de una acción climática y enfatizó su urgencia a los líderes mundiales. Este movimiento se volvió viral y millones de personas en todo el mundo han sido movidos para actuar junto con ella.

Según la organización Viernes por el Futuro[1], Greta faltó a la escuela y se sentó frente al Parlamento sueco todos los días escolares durante las tres semanas previas a las elecciones suecas del 2018 con un cartel que decía: «Huelga escolar por el clima». A través de las redes sociales, sus huelgas ganaron tracción e influyó en otros para que hicieran lo mismo.

Al año siguiente, el 20 de septiembre del 2019, inspiró a cuatro millones de personas a unirse a la Huelga Mundial por el Clima que, según *TIME*, se convirtió en la manifestación climática más grande en la historia de la humanidad. Desde que comenzó su activismo climático en agosto del 2018, su liderazgo ha llevado a la creación de un movimiento global de acción climática llamado «Fridays for Future», que incluye a más de catorce millones de personas que se unen y marchan por el clima los viernes en ciudades de todo el mundo.

---

1   Fridays for Future en inglés.

AÑO 2020

El nuevo coronavirus golpeó muchas partes del mundo a principios del 2020. Recuerdo en particular los meses de marzo a mayo, una época turbulenta en los Estados Unidos en la que el país lidiaba con el aumento de casos y muertes. Hubo una sensación colectiva de conmoción y devastación debido a las muertes y la recesión económica mundial causada por el COVID-19.

Se cree que los orígenes del COVID-19 son zoonóticos (Boni et al. 2020). Un estudio publicado por la Universidad de Stanford encontró que «los virus que saltan de los animales a las personas, como el responsable del COVID-19, probablemente se volverán más comunes a medida que las personas continúen transformando los hábitats naturales en tierras agrícolas [. . .] La combinación de cambios grandes en el ambiente, como la deforestación y la pobreza, pueden encender el fuego de una pandemia global» (Jordan 2020).

Este estudio no es la única publicación que muestra el vínculo entre las enfermedades zoonóticas y la degradación ambiental. Otros estudios han demostrado este vínculo durante años. Por ejemplo, un artículo publicado en 2012 por *The New York Times* titulado «La ecología de la enfermedad[2]» describe la enfermedad como un problema ambiental al afirmar que «el sesenta por ciento de las enfermedades infecciosas emergentes que afectan a los humanos son zoonóticas: se originan en animales y más de dos tercios de ellos se originan en la vida silvestre». El artículo continúa señalando la correlación entre el aumento de casos de malaria y el aumento de

---

2   Original en inglés: «The Ecology of the Desease».

la deforestación, porque los mosquitos prosperan en áreas recientemente deforestadas.

El mes de mayo del 2020 dio lugar a otra pandemia mundial que llamó la atención del público. Esta pandemia, el racismo sistémico, ha infectado a nuestra sociedad durante siglos y aún no existe una cura. Los asesinatos de George Floyd, Breonna Taylor y Ahmaud Arbery, que ocurrieron entre febrero y mayo del 2020, mostraron al mundo que el virus del racismo sistémico, y más específicamente en contra de los negros, ha infectado profundamente no solo a los Estados Unidos sino a países de todo el mundo. Dada la tracción que ganó esta noticia a nivel mundial, se convirtió en un momento para lamentar el racismo en los Estados Unidos y una oportunidad para reflexionar sobre el racismo existente en otros países.

CON LA MIRADA HACIA ADELANTE

Enumeré una serie de eventos de los últimos años relacionados con el medio ambiente, la economía, la salud y la sociedad. Estas ocurrencias no son independientes entre sí. De hecho, están inextricablemente vinculados. Ver cómo y por qué están vinculados puede entenderse a través de la sostenibilidad. La sostenibilidad es una herramienta para hacer conexiones entre temas relacionados con el medio ambiente, la salud, las sociedades y las economías. Hacer conexiones entre estos problemas es una parte importante para desarraigar los sistemas injustos y crear un cambio sistémico impactante.

En este libro, explicaré qué es la sostenibilidad, qué significa participar en una acción de sostenibilidad y por qué la sostenibilidad debe elevarse en los sectores público y privado, compartiendo historias de líderes actuales que trabajan en la profesión de la sostenibilidad. Estos líderes suelen tener las palabras *«sostenibilidad»*, *«responsabilidad corporativa»*, *«responsabilidad social corporativa»*, *«impacto»*, *«cambio climático»*, *«ambiental»*, *«DEI» (diversidad, equidad e inclusión)*, *«energía»*, *«resiliencia»*, *«justicia» y/o «ESG[3]»* en sus títulos profesionales.

Mi esperanza es que, al leer este libro, las personas adquieran una conciencia más profunda del liderazgo en sostenibilidad y también descubran cómo su propio yo ecológico puede impulsarlos hacia la acción, el liderazgo de servicio y la justicia. Quiero que las personas vean este libro como una oportunidad para involucrarse con el pensamiento sistémico, escapar del efecto espectador, buscar la equidad y la justicia, y aprender junto con los líderes de la sostenibilidad sobre la importancia de elevarla.

Mis experiencias al aprender sobre la sostenibilidad en diferentes partes del mundo han alimentado mi pasión por la sostenibilidad y la resiliencia. Este libro es una forma de invitar a otros a una conversación, ya que cada paso en el proceso de escribir este libro fue una oportunidad de aprendizaje que pude escribir y compartir.

---

3   Por las palabras *ambiental, social* y *de buen gobierno* en inglés.

CAPÍTULO 2

¿QUÉ ES «SOSTENIBILIDAD»?

---

24 DE JUNIO DEL 2018

En una templada tarde de domingo en Perú, mi hermana anfitriona quería llevarme en Moyobamba a uno de sus lugares favoritos, llamado Punta de Tahuishco. Salimos de la casa y tomamos un mototaxi para dar un corto paseo por la ciudad. Cuando llegamos a Punta de Tahuishco, me emocioné al ver muchas banderas de colores vibrantes decorando las calles en celebración del Festival de San Juan.

Recuerdo pasar junto a multitudes de personas mientras mi hermana anfitriona y yo nos dirigíamos a un mirador panorámico, dando innumerables pasos hasta el puerto de un río enorme. Mientras descendíamos al río, me detuve y me tomé un momento para apreciar la impresionante vista. Una vez más, me encontré mirando las verdes colinas ondulantes hasta donde alcanzaba la vista.

Mientras continuábamos bajando los escalones, comencé a ver letreros que proclamaban la protección de la naturaleza.

Un letrero tenía un mensaje en particular que resonó con mis convicciones. Decía: «La Tierra no es una herencia de nuestros antepasados sino un préstamo de nuestros hijos».

¿Por qué no había visto más carteles públicos como este en mi ciudad natal de Los Ángeles o en otras ciudades de los Estados Unidos? Me preguntaba por qué no había más consenso público sobre nuestra necesidad de proteger y cuidar la Tierra, el único hogar que tenemos. Si los carteles que vi en Punta de Tahuishco, que simplemente fomentaban el valor y la protección de la naturaleza, se transpusieran a los Estados, habría riesgo de politización o, me atrevo a decir, controversia. El hecho de que el contexto cultural pueda dictar un acuerdo sobre el cuidado de la Tierra me desconcertó.

Me conmovió la cita en ese letrero en Moyobamba porque necesitamos este tipo de cambio de mentalidad, de propiedad y derecho a conservación, protección y responsabilidad. Esta cita cambia la narrativa de que estamos en el mundo para tomar, tener más y tirar cuando hayamos terminado. En cambio, nos hace ver —o al menos me hizo ver a mí— que quizás nuestro propósito principal es ser administradores de la Tierra para el beneficio de los demás y de nuestros hijos.

REFLECCIÓN EN LA HISTORIA

A medida que el término «sostenibilidad» continúa ganando terreno en todo el mundo, es fundamental comprender qué pretendía representar originalmente este término. En primer lugar, es importante reconocer que la sostenibilidad como término es relativamente nuevo, aunque se puede argumentar que la práctica de la sostenibilidad no es nueva, ya que muchas comunidades de todo el mundo han tenido la intención de vivir dentro de sus posibilidades durante años. Pero la idea de poner un nombre a la práctica de la sostenibilidad surgió en el siglo XX. La evolución de este término se produjo en cuatro oleadas: en 1968, 1972, 1987 y 1994.

En 1968, Garrett Hardin cuestionó los efectos nocivos que el ser indiferentes tiene sobre el medio ambiente en *La tragedia de los comunes*[4] donde argumenta que «el seguir como de costumbre con respecto a los recursos naturales y el medio ambiente conducirán al colapso de los ecosistemas». En 1972, un informe encargado por el Club de Roma llamado «Los límites del crecimiento[5]», se centró en el concepto de crecimiento exponencial para «demostrar la naturaleza rápidamente creciente de los problemas ambientales, incluido el crecimiento de la población y el agotamiento de los recursos naturales». De manera similar a lo que menciona Hardin en *La tragedia de los comunes*, «Los límites del crecimiento» analiza la idea de que continuar «como si nada» y usar recursos en exceso a medida que nuestra población aumenta rápidamente limitará nuestra capacidad para sostenernos.

En 1987, la Comisión Mundial sobre el Medio Ambiente y Desarrollo (ahora conocida como la Comisión Brundtland) publicó *Nuestro futuro común*[6], y se acuñó el término «desarrollo sostenible» y se definió como «el desarrollo que satisface las necesidades del presente sin comprometer la capacidad de las generaciones futuras para satisfacer sus

---

4   Original en inglés: *The Tragedy of the Commons*.

5   Original en inglés: «The Limits to Growth».

6   Original en inglés: «Our Common Future».

propias necesidades». Es importante comprender los vínculos entre los términos «desarrollo sostenible» y «sostenibilidad». En el libro *Liderando el cambio hacia la sostenibilidad*[7], Bob Doppelt describe cómo la sostenibilidad es «la meta» y el desarrollo sostenible es «el comportamiento necesario para lograr esa meta». Por lo tanto, la definición de desarrollo sostenible de la Comisión Brundtland sentó las bases para la sostenibilidad tal como conocemos el término hoy.

En 1994, John Elkington acuñó la frase «resultado final triple» que define la sostenibilidad como un concepto multidimensional compuesto por tres áreas de enfoque principales: social, ambiental y económica. Otra forma de describir el resultado final triple es a través de la conocida frase «personas, planeta, ganancias[8]», que fue acuñada por Elkington en 1995. Tuve el privilegio de entrevistar a John Elkington para este libro y, en nuestra conversación, él explicó por qué formuló la frase «resultado final triple» y cómo se generalizó tanto. Quería escuchar de primera mano qué significaba la sostenibilidad antes de que él acuñara la frase, para entender por qué sintió la necesidad de ampliar la definición de sostenibilidad a través del resultado final triple. Aquí está su historia:

> Antes del resultado final triple, la sostenibilidad se refería en gran medida a lo que el Consejo Empresarial para el Desarrollo Sostenible denominaba como «ecoeficiencia». Con la ecoeficiencia, la pregunta era cómo ganar o ahorrar dinero al reducir el desperdicio

---

7   Original en inglés: «Liding Change Toward Sustainability».

8   En inglés, esta frase se compone de tres palabras que inician con la letra «p»: *people, planet, profit.*

y el uso de recursos en dólares, incluida la energía, etc.
No hay nada de malo en eso, pero en ese momento me
pareció una agenda bastante parcial. Y así, en 1995, se
me ocurrió la fórmula «personas, planeta, ganancias».

Si regresa al Informe de la Comisión Brundtland,
publicado en 1987, ya hablaban de cómo los factores
sociales, económicos y ambientales influían en las
empresas. Entonces, el resultado final triple no fue
increíblemente novedoso, pero en realidad nos tomó
a mí y a un colega dieciocho meses llegar a esa ora-
ción de tres palabras, y ahora se ha vuelto endémico.

El resultado final triple unió conceptos tradicionalmente
aislados en una relación simbiótica que demuestra cómo
los factores ambientales, sociales y económicos son parte de
un sistema interdependiente. Esto creó un lente para que el
mundo viera cómo podría desempeñar su papel en la mejora
integral del bienestar y el florecimiento de las personas y
la naturaleza.

REPLANTEAMIENTO DEL RESULTADO FINAL TRIPLE

Supe por primera vez de la sostenibilidad así como del resultado final triple en el otoño del 2017, mientras estudiaba en
Copenhague, Dinamarca, durante un semestre universitario.
En mi clase llamada «Estrategias Comerciales en la Transi-
ción hacia una Economía Sostenible», mi profesor introdujo
el concepto del resultado final triple y recuerdo estar muy
entusiasmada con esta idea porque les da a las empresas
un propósito más allá de la mera ganancia. El resultado
final triple desafió las normas de los negocios e incluyó la

sostenibilidad como parte integral de la estrategia. La idea de que las empresas podrían comprometerse deliberadamente a priorizar el bienestar de las personas, la prosperidad y el planeta me emocionaba e intrigaba.

Veinticuatro años después de su concepción en 1994, John Elkington recordó la frase «resultado final triple» en un artículo que escribió para *Harvard Business Review* en 2018. En el artículo, escribió:

> El éxito o el fracaso de los objetivos de sostenibilidad no se pueden medir solo en términos de pérdidas y ganancias. También debe medirse en términos del bienestar de miles de millones de personas y la salud de nuestro planeta, y el historial del sector de la sostenibilidad en cuanto a mover la aguja hacia esos objetivos ha sido decididamente mixto [. . .]. La idea original del resultado final triple era más amplia [. . .] [y destinada a alentar] a las empresas a rastrear y administrar el valor económico (no solo financiero), social y ambiental agregado, o destruido [. . .]. Pero el resultado final triple no fue diseñado para ser solo una herramienta de contabilidad. Se suponía que provocaría un pensamiento más profundo sobre el capitalismo y su futuro, pero muchos de los primeros en adoptarlo entendieron el concepto como un acto de equilibrio, adoptando una mentalidad de compensación. Ahora se producen anualmente miles de informes de resultado final triple, aunque no está nada claro que los datos resultantes se agreguen y analicen de manera que realmente ayuden a los que toman las decisiones y a los que formulan

las políticas para rastrear, comprender y administrar los efectos sistémicos de la actividad humana [. . .]. Claramente, el resultado final triple no ha logrado enterrar el paradigma del resultado final único [. . .]. [Pero] el objetivo declarado de resultado final triple desde el principio fue el cambio de sistema.

A través de su artículo, Elkington plantea el punto de que el resultado final triple no se ha utilizado de la forma en que se pretendía. En cambio, argumenta que se ha convertido en algo que las empresas han utilizado simplemente para marcar una casilla, tal vez debido a la presión externa o para seguir siendo competitivas en el mercado. Sin embargo, el objetivo real es que las empresas se comprometan verdaderamente con sus tres elementos (social, ambiental y económico) como una forma de crear un cambio sistémico transformador a largo plazo.

Pregunté sobre la reevaluación durante mi conversación con Elkington, a lo que él respondió:

El resultado final triple está ahí y está haciendo un gran trabajo, pero sentí que asumíamos eso porque estábamos pensando en tres dimensiones, y las crisis sistémicas estarían resueltas. Pero no creo que eso sea ni remotamente cierto. La reevaluación fue diseñada para hacer la pregunta: ¿Estamos bien, bien seguros de que el resultado final triple, el valor compartido, ESG [ambiental, social y de buen gobierno] y todas las ideas que surgieron después del resultado final triple, realmente nos está moviendo en la dirección correcta y a la velocidad correcta? Y mi respuesta fue no. Ahora he pasado por un proceso de dos años tratando de resolver la pregunta: Si no es eso, ¿entonces qué? Y la conclusión simplemente es que no hay nada intrínsecamente malo en el resultado final triple, siempre y cuando lo pensemos de la manera correcta.

Durante los últimos veinticinco años, las empresas han buscado la eficiencia (incluida la ecoeficiencia). El problema con la eficiencia es que elimina la resiliencia. La resiliencia se volverá cada vez más importante en la forma en que diseñamos y operamos las cadenas de suministro y los modelos comerciales de las economías nacionales. Sin embargo, la única forma en que se puede brindar resiliencia a largo plazo para los sistemas críticos de los que dependemos —las comunidades, las economías y el entorno natural—, es regenerarlos, ya que todos están en declive en este momento.

La creación del resultado final triple fue una interrupción increíblemente poderosa y muy necesaria. Logró que las personas reconocieran el nexo entre las economías, la sociedad civil y la biosfera y les otorgó la oportunidad de transparencia, propósito y responsabilidad de una manera poco convencional.

Pero Elkington ahora crea conciencia sobre la idea de que la fusión de las dimensiones ambiental, social y económica no significa que hayamos alcanzado el ser competentes. De hecho, la fusión de estas dimensiones simplemente rasca la superficie. Para crear un impacto duradero y resistir desastres, pandemias e injusticias, la sostenibilidad y su triple objetivo son solo el comienzo. Ahora, nos damos cuenta de que un imperativo urgente nos empuja a profundizar mucho más, pensar mucho más allá de estas ideas y buscar la resiliencia y la regeneración.

Al reflexionar sobre la historia de la sostenibilidad, se ve que la misma es un concepto extremadamente dinámico, en constante evolución, nuevo y cuestionado. Ningún método directo puede definirlo o medirlo. Esta historia es fundamental para comprender cómo nosotros, como sociedad, debemos navegar y elevar la sostenibilidad en el futuro.

PERSPECTIVAS SOBRE EL COMPROMISO DE LA SOSTENIBILIDAD MÁS ALLÁ DEL RESULTADO FINAL TRIPLE

En un esfuerzo por expandir mi conocimiento sobre cómo se entiende la sostenibilidad, quería escuchar a otros líderes en este campo que tuvieran puntos de vista variados sobre cómo definir el concepto. Tuve la oportunidad de hablar con Hunter Lovins, autora de *Capitalismo natural*[9], y me intrigó su declaración de que «una buena sostenibilidad sigue [lo que ella llama] el resultado final integrado, no el resultado final triple». Lovins me describió cómo el resultado final triple no alentaba a las empresas a tener en cuenta los factores ambientales y sociales y que, «en el caso de que las ganancias se vean amenazadas, casi todas las empresas [se deshacen de sus esfuerzos ambientales y sociales y] vuelven a la maximización de ganancias tradicional». Pero el resultado final integrado, afirmó, es la base para la creación de valor regenerativo, porque a medida que las empresas persiguen

____

9   Original en inglés: *Natural Capitalism.*

prácticas comerciales responsables en sus operaciones, se obtienen resultados de valor a largo plazo.

El resultado final integrado, que fue un término acuñado originalmente por el inversionista de impacto Theo Ferguson, desafió mi forma de pensar sobre el resultado final triple en un nivel mucho más profundo. No había considerado que tal vez la parte «triple» del resultado final seguía percibiendo los factores ambientales, sociales y económicos como separados.

El cambio semántico de «triple» a «integrado» muestra el impacto que tienen las palabras en el significado y nuestra comprensión de los conceptos. El uso de «integrado» infunde una sinergia muy necesaria para estas diferentes áreas de enfoque. Más allá de pensar en los factores ambientales, sociales y económicos como tres dimensiones, quizás la clave para promover la resiliencia y la regeneración es ver el resultado final triple a través de su propia lente de sistemas, poniendo énfasis en cómo las tres dimensiones son partes integradas del mismo resultado final.

Hasta ahora, he discutido principalmente la sostenibilidad como aplicable a los negocios, pero la sostenibilidad como concepto no se limita a las empresas. Donde hay negocios, también hay política y gobierno. Mientras entrevistaba a líderes sostenibilidad para este libro, un exdirector de sostenibilidad de dos compañías tecnológicas globales me resaltó este tema al señalar: «Necesitamos soluciones que requieran que las empresas y los gobiernos trabajen juntos. Eso significa que las empresas realmente necesitan salir del modo de pensar en sí mismas como actores individuales [...] necesitan pensar mucho más estratégicamente sobre cómo pueden desempeñar un papel proactivo y positivo en las comunidades y en las regiones donde operan».

El exdirector de sostenibilidad articula con precisión la importancia de la autoconciencia y la conciencia comunitaria. Debemos tener un mayor sentido de autoconciencia para reconocer que trabajar juntos crea el potencial para obtener mejores resultados y comprender cómo las propias actividades y operaciones impactan a los demás. Más allá de eso, los sectores público y privado deben estar dispuestos a trabajar juntos para aprovechar mayores oportunidades de impacto a largo plazo.

Esto me lleva a la discusión vital sobre la comunidad. Cuando entrevisté a una excoordinadora de sostenibilidad y gerente del programa de equidad del gobierno de una ciudad local que también es propietaria de una asesoría de equidad estratégica (me refiero a ella como una «líder de equidad» en el resto de este capítulo para abreviar), ella desafió poderosamente cómo la sostenibilidad es normalmente entendida, y reinventó el resultado final triple convencional de la siguiente manera: «La conversación sobre sostenibilidad está muy dominada en un contexto de mercado. El concepto del resultado final triple se define como "personas, planeta, ganancias." Esa interpretación de la sostenibilidad se basa en una economía que explota la naturaleza y las personas. Si está generando ganancias, la explotación es el resultado inherente. *Personas, planeta, ganancias* utiliza la sostenibilidad como un nuevo mecanismo para afirmar las dinámicas de poder existentes en lugar de reequilibrarlas. Se supone que la sostenibilidad tiene que ver con el reequilibrio, pero su método actual no reequilibra nada, y creo que de ahí viene la frustración en las comunidades. Las comunidades ven políticas de sostenibilidad que no han beneficiado a las personas en primera línea, personas que se ven afectadas, personas que necesitan que funcione. Entonces, quiero una "p" diferente[10]. Me gusta la palabra «prosperidad», que tiene un resultado diferente al de "ganancias"».

La declaración de la líder de equidad arroja luz sobre la idea de que el «buen trabajo» tradicional en realidad puede estar perpetuando acciones injustas, sistemas opresores. Esta conciencia es crucial, especialmente cuando se trata del trabajo de sostenibilidad. Cuando se practica la sostenibilidad, es fácil creer que este tipo de trabajo es siempre un «buen trabajo» y nuestro compromiso con salvar el planeta nos da satisfacción al pensar que estamos haciendo del mundo un lugar mejor. Pero hay una gran necesidad de reflexionar sobre nuestras motivaciones. ¿Para quién estamos realmente haciendo este trabajo de impactar y proteger? Tal vez actuamos por buen desempeño o algún sentido de justicia propia. O tal vez realmente creemos que nuestra única motivación es el deseo de proteger el planeta, pero estamos pasando por alto o ignorando el panorama general de que dentro de nuestro planeta hay *personas*. Si no tenemos cuidado, podemos estar cayendo en el error de reforzar barreras que impidan la prosperidad de otras personas.

Cuando inicialmente pensé en el resultado final triple, no consideré que su esencia, que ha construido la base de nuestro concepto de sostenibilidad hoy, no responde a la pregunta

---

10   Nota de traducción: Aquí se refiere a la palabra «*profit*», que fue traducida antes como «ganancias».

de qué generaciones actuales y futuras estamos tratando de proteger. Al incluir las ganancias como parte de la definición de sostenibilidad, quizás estemos pasando por alto el hecho de que las ganancias inherentemente oprimen, excluyen y marginan a las personas y a las comunidades.

Aprecié la crítica de la líder de equidad sobre el resultado final triple, ya que creo que requería una reflexión y una reevaluación muy necesarias. A pesar de esto, el concepto de Elkington del resultado final triple como *personas*, *planeta* y *ganancias* no debe descartarse por completo. En particular, cuando Elkington estaba formulando el resultado final triple, consideró activamente la *prosperidad* en lugar de las *ganancias*. Finalmente se decidió por «ganancias» porque quería que el resultado final triple fuera relevante para los líderes empresariales que anteriormente no consideraban los impactos sociales y ambientales en sus acciones corporativas.

El «*personas, planeta, ganancias*» de Elkington funciona dentro del paradigma y las normas de la sociedad para lograr una transformación sistémica, mientras que el «personas, planeta, *prosperidad*» de la líder de equidad exige un cambio de paradigma y trabaja en contra de las normas sociales para transformarlas. Ninguna idea es correcta o incorrecta cuando se mira únicamente a través de una lente paradigmática: esencialmente, la definición de Elkington funciona dentro del sistema ya establecido y la de la líder de equidad funciona fuera del sistema. Al crear una transformación cultural y social, ambas estrategias están garantizadas.

El objetivo final de la sostenibilidad es buscar la prosperidad en lugar de únicamente el beneficio. La sostenibilidad es una herramienta para la supervivencia duradera, el florecimiento, la resiliencia y la regeneración de las personas y el planeta, ahora y en el futuro. Si comprendemos que los sistemas injustos actuales son profundos y que desarraigarlos no será un proceso inmediato, aún podemos trabajar para cambiarlos hablando el idioma de quienes están en posiciones de poder: dinero y ganancias. El dinero habla porque histórica y actualmente domina el lente a través de la cual vemos el mundo, o nuestro paradigma. Necesitamos inculcar el cambio tanto dentro de los sistemas actuales como más allá de los sistemas actuales, y creo que juntos, tanto Elkington como las definiciones del líder en equidad brindan caminos hacia la transformación sistémica que tanto se necesita.

«SOSTENIBILIDADES JUSTAS»

«Sostenibilidades Justas», un concepto totalmente distinto del resultado final triple, se deriva de la sostenibilidad, pero también se desvía de ella, ya que invoca un nuevo paradigma. La frase «Sostenibilidades Justas» fue acuñada por Julian Agyeman, Robert Bullard y Bob Evans con el reconocimiento de que «la sostenibilidad no puede ser simplemente una preocupación "verde" o "ambiental" [. . .]. Una sociedad verdaderamente sostenible es aquella en la que las cuestiones más amplias de las necesidades sociales y el bienestar y las oportunidades económicas están integralmente relacionadas con los límites ambientales impuestos por los ecosistemas de apoyo» (Agyeman et al. 2002).

Entrevisté al autor y profesor de posgrado Julian Agyeman para conocer su desarrollo de sostenibilidad justa. Él afirmó:

Desarrollamos el concepto de sostenibilidad justa porque nos dimos cuenta de que había lo que yo llamo un «déficit de equidad». Teníamos muchas ganas de traer la idea de justicia del movimiento de justicia ambiental a este concepto de sostenibilidad. No me gusta la palabra «justo», aunque me gustaría que justo pudiéramos hablar solo de sostenibilidad para que la gente entendiera que la justicia social es una parte integral de eso. Pero ese no es el caso. De hecho, cuando la gente habla de sostenibilidad, la mayoría de la gente habla de sostenibilidad ambiental. Si saliéramos a las calles de tu ciudad o de mi ciudad y le preguntáramos a diez personas qué es la sostenibilidad, dirían: «Se trata del medio ambiente, ¿no?». Nueve de cada diez o incluso diez de cada diez personas dirían eso, y sí, se trata del medio ambiente. Pero me puedo imaginar un mundo verde y sostenible que fuera profundamente injusto socialmente. Solo hay que fijarse en Minneapolis o Portland, por ejemplo. Estas ciudades se están volviendo más sostenibles, con bicicletas, parques urbanos, todas las cosas buenas que conocemos, pero solo arañan la superficie, y están profunda, profundamente segregadas racialmente y desiguales.

Escuchar a Agyeman y aprender sobre la inspiración para el desarrollo de sostenibilidad justa fue alentador, por decir lo menos. Desde que comencé a participar en el trabajo de sostenibilidad, noté que faltaba algo. La sostenibilidad se restringió a los asuntos ambientales y excluyó los asuntos de equidad y justicia social. Esto me preocupó, ya que la sostenibilidad en esencia está destinada a proteger el futuro de las personas y el planeta.

A medida que continuaba mi investigación para profundizar mi comprensión de las sostenibilidades justas, leí un artículo escrito por Agyeman titulado justo así: «Sostenibilidades justas[11]», que define la frase como «integrar las necesidades sociales y el bienestar [para ofrecer] una definición más "justa" y redondeada de sostenibilidad y desarrollo sostenible que Brundtland, centrada en la equidad, sin negar las amenazas ambientales reales». Por lo tanto, una sostenibilidad «justa» es: «La necesidad de garantizar una mejor calidad de vida para todos, ahora y en el futuro, de manera justa y equitativa, mientras se vive dentro de los límites de los ecosistemas de apoyo» (Agyeman et al. 2003, 5). «Mientras definíamos una "sostenibilidad justa", posteriormente usamos el término "sostenibilidades justas" porque reconocimos que la forma singular sugiere que existe una receta, una plantilla o un modelo para la sostenibilidad que se puede universalizar. El plural, sin embargo, reconoce la naturaleza relativa, cultural y de lugar del concepto».

Solo las sostenibilidades se centran en la equidad para que, en la búsqueda de la sostenibilidad, las personas a las que más afecta el cambio climático estén intrínsecamente preparadas para prosperar. Me dio mucho gusto cuando supe por qué Agyeman eligió hacer la frase en plural como un reconocimiento de que la sostenibilidad significa muchas cosas para muchas personas en función de contextos culturales variados. Esto afirma que no hay solución única para hacer que el mundo sea sostenible y, en consecuencia, no hay una sola manera de definir la sostenibilidad.

---

11   Original en inglés: «Just Sustainabilities».

Cuando entrevisté a Agyeman, le pedí ejemplos de ciudades que ya vivían este concepto de sostenibilidad justa. Me dio un ejemplo, uno del que habla en su libro *Introducción a las sostenibilidades justas: póliza, planeación y práctica*[12]: Curitiba, Brasil. En nuestra conversación, afirmó: «En Curitiba, el sistema de autobuses de tránsito rápido no se construyó para ser ecológico. Se construyó por razones de equidad, porque los planificadores de Curitiba se dieron cuenta de que las personas que no podían pagar un automóvil no tenían acceso a la ciudad. Así que desarrollaron un sistema de tránsito revolucionario, que sigue siendo el ejemplo de referencia para ingenieros de transporte y planificadores urbanos de todo el mundo. El principal motor para el desarrollo de este sistema de tránsito rápido fue la equidad, pero tuvieron un resultado más ecológico, más justo y más sostenible».

Curitiba sirve como ejemplo de esperanza. Nos muestra que podemos hacerlo. Podemos construir un mundo que no excluya ni margine a las personas y que promueva la prosperidad de todas las personas y el medio ambiente. El sistema de tránsito rápido de Curitiba se basa en la sostenibilidad justa y muestra que, al buscar la equidad en el centro de nuestras acciones, podemos allanar el camino hacia un futuro más justo, sostenible y resiliente para todos.

---

12   Original en inglés: *Introducing Just Sustainabilities: Policy, Planning, and Practice.*

CAPÍTULO 3

BENDITA IGNORANCIA: LLEGAR A UN ACUERDO CON LA DISTANCIA PSICOLÓGICA

—

OTOÑO DEL 2016

Durante mi segundo año de universidad, me inscribí en una clase de Introducción a las Ciencias Ambientales. Esta clase influyó en mi comprensión de cómo mis acciones diarias tienen un impacto en las comunidades de todo el mundo. Por ejemplo, al principio del semestre, el profesor nos puso a mi clase y a mí un ejercicio a través de Red Huella Global[13] llamado «Calculadora de huella ecológica». La calculadora hizo una serie de preguntas sobre el estilo de vida como: «¿Con qué frecuencia conduce un automóvil? ¿Con qué frecuencia compartes coche? ¿Cuántas horas viajas en avión al año?» Después de responder todas las

---

13   En inglés: Global Footprint Network.

preguntas, mi resultado decía: «Si todos vivieran como tú, necesitaríamos 3.1 Tierras».

En ese momento, sentí una ligera sensación de alivio porque mi consumo estaba por debajo del promedio total de EE. UU., que era de cinco Tierras. También sentí una sensación de decepción y conmoción al enterarme de que mis hábitos y consumo diarios requerían 3.1 Tierras. Este fue un momento crucial para comprender cómo mis elecciones de estilo de vida afectaban el medio ambiente.

Otra forma en que la clase me ayudó a comprender cómo mis acciones afectan el medio ambiente, para bien o para mal, fue cuando vimos un video sobre cómo se eliminan los desechos electrónicos de los Estados Unidos en el sur global. La eliminación de estos desechos fue un ejemplo para mí de cómo algo tan simple como cambiar a un teléfono nuevo y no reciclar mi teléfono anterior podría generar desechos en otros lugares y perpetuar los desequilibrios de poder entre el norte y el sur globales.

Debido a que el impacto se siente muy lejos y no lo veo directamente, puedo perder fácilmente de vista cómo mis acciones afectan a los demás. Pero un paso fundamental para avanzar en la agenda de sostenibilidad es comprender la distancia psicológica. La distancia psicológica es «una experiencia subjetiva de que algo está cerca o lejos de uno mismo, aquí y ahora. La distancia psicológica es, por lo tanto, egocéntrica: su punto de referencia es el yo, aquí y ahora, y las diferentes formas en que un objeto puede ser removido de ese punto —en el tiempo, el espacio, la distancia social y la hipotética— constituyen diferentes dimensiones de la distancia» (Liberman y

Trope 2010). La distancia psicológica crea una barrera mental entre nosotros y los asuntos que parecen distantes porque estamos lejos, porque no conocemos a nadie afectado o porque el asunto no tiene un impacto directo en nuestra realidad presente. Es un fenómeno común en la percepción humana, la acción y la falta de acción hacia los problemas ambientales y de justicia social que crea una barrera para el progreso.

En el caso del cambio climático, es posible que las personas no entiendan la necesidad de una acción urgente si creen que sus efectos no son parte de su experiencia vivida o si no conocen a nadie que se haya visto afectado por él. Si alguien solo se entera de los desastres climáticos a través de los medios de comunicación o de boca en boca, es posible que no se preocupe o actúe como resultado de la distancia psicológica.

La distancia psicológica muestra que incluso si alguien tiene conocimiento sobre un tema, todavía puede haber una brecha entre su conocimiento y su acción. Una vez que alguien sabe algo que puede ser perjudicial para una comunidad, ¿cómo y en qué momento se mueve para actuar?

El COVID-19 sirve de ejemplo. Las personas, las empresas y los gobiernos actuaron rápidamente después de ver los efectos devastadores del nuevo coronavirus. La ciencia no era sólo fuente de conocimiento, sino también fuente de orientación y, en última instancia, de esperanza. Desde las redes de noticias hasta las plataformas de redes sociales, desde los políticos hasta los ejecutivos de empresas, la ciencia desempeñó un papel crucial en la difusión de información precisa y confiable sobre el coronavirus.

En los primeros meses de la pandemia de coronavirus en los Estados Unidos, el público anhelaba escuchar de científicos y médicos sobre los síntomas y puntos críticos más nuevos y el cronograma para una vacuna. Cuando las pruebas de COVID-19 mostraron un aumento en los casos, los gobiernos actuaron de inmediato y retrocedieron en las fases de reapertura. La sociedad respondió rápidamente a la pandemia porque todos estábamos siendo directamente afectados.

Cualquier sensación de distancia psicológica a la que nos hayamos aferrado cuando comenzó la pandemia, disminuyó rápidamente una vez que todos nos dimos cuenta de que éramos susceptibles a lo desconocido provocado por el coronavirus. COVID-19 nos enseñó que somos capaces de actuar rápidamente, somos capaces de considerar cómo nuestras propias acciones afectan la seguridad de los demás y somos capaces de unirnos hacia un objetivo común. ¿Qué pasaría si reaccionáramos al cambio climático como lo hemos hecho con el COVID-19?

Durante un seminario web del Instituto de Recursos Mundiales llamado «Acción climática 2.0: inicio de una era de liderazgo climático transformador», la panelista y activista por la justicia climática Vanessa Nakate planteó la pregunta: «¿Qué pasaría si rastreáramos y publicáramos las muertes causadas por las emisiones y el cambio climático de la misma manera que se rastrearon y publicaron las muertes causadas por COVID-19?

Al igual que el COVID-19, el cambio climático ya ha provocado muertes en todo el mundo. Imagínese si trabajáramos de manera proactiva para crear políticas, leyes y acciones

globales para combatir el cambio climático en la forma en
que actuamos con urgencia para combatir el COVID-19. A
través del COVID-19, la sociedad ha demostrado su capacidad para ser resistente y actuar con determinación. ¿Cómo
podemos aprovechar esta capacidad para la acción climática?

Acerca de cerrar la brecha entre el conocimiento y la acción,
en el mismo seminario web del Instituto de Recursos Mundiales al que asistí, la panelista Christiana Figueres —socia
fundadora de Optimismo Global[14] y exsecretaria ejecutiva
de la CMNUCC[15]— discutió el concepto del interés propio
ilustrado. El interés propio pone énfasis en las necesidades y
deseos de un individuo sin tener en cuenta las necesidades
y deseos de los demás. El interés propio ilustrado es la idea
de que actuar en interés de los demás también lo es para
uno mismo. Históricamente, operar en interés propio ha
tenido precedentes.

Se puede decir mucho sobre cómo el interés propio ilustrado
puede inspirar la acción climática. Hasta ahora, he discutido
principalmente cómo la responsabilidad colectiva debería
motivar a un individuo hacia la acción climática. Pero la
responsabilidad colectiva no es un enfoque con el que todos
puedan estar de acuerdo. El interés propio ilustrado puede
resonar en su lugar.

Entrevisté a un director de clima global de una empresa multinacional de bienes de consumo que compartió su opinión

---

14 El nombre de esta organización en inglés es Global Optimism.

15 Siglas de la organización Convención Marco de las Naciones Unidas
    sobre el Cambio Climático.

de que el interés propio ilustrado es un impulsor clave para la acción proactiva de sostenibilidad. El director de clima global planteó un punto importante sobre cómo tener un sentido de interés propio ilustrado nos ayuda a reconocer la necesidad de un cambio sistémico que luego nos impulsa a crear soluciones y evitar el riesgo de quedarnos atrás. No tener en cuenta los problemas a los que se enfrenta nuestro mundo hoy en día, como el cambio climático o la injusticia social, pone en peligro el éxito potencial a largo plazo y nos priva de la oportunidad de opinar sobre lo que nos depara el futuro.

El interés propio ilustrado no descarta la importancia de cómo nuestra distancia psicológica nos impide actuar sobre los problemas sociales y planetarios, pero reconoce que, en función de nuestra mentalidad individualista, enmarcar los problemas sistémicos a través de una lente de interés propio puede ser un medio hacia las soluciones urgentes que se necesitan hoy.

La conciencia de la distancia psicológica nos desafía a pensar fuera de nosotros mismos y de nuestro propio mundo, y entrar en el de otra persona. Ya sea que el altruismo o el interés propio ilustrado impulsen o no las soluciones hacia un futuro sostenible, todavía existe una necesidad imperiosa de una acción ubicua.

CAPÍTULO 4

IMERSIÓN PROFUNDA EN EL PENSAMIENTO DE SISTEMAS

---

20 DE JULIO DEL 2018

Mi hermana anfitriona y yo estábamos emocionadas de asistir a un foro llamado «Forum Solidaridad Perú». El foro fue para que las mujeres indígenas se reunieran y discutieran temas como el cambio climático, la seguridad alimentaria, las desigualdades de género, el empoderamiento femenino y el acceso a la educación. Mi hermana anfitriona y yo queríamos asistir al foro para dialogar con otros y escuchar discusiones relacionadas con nuestro trabajo y pasiones.

Después de un largo viaje de Moyobamba a Tarapoto y de Tarapoto a Lamas, llegamos cuando el foro estaba por comenzar. Una de las mujeres nos dio la bienvenida amablemente y dijo: «¡Dense prisa, dejen sus cosas, "la mística" está a punto de comenzar!»

Mi hermana anfitriona y yo nos miramos y nos preguntamos: «¿Qué quiere decir ella con "mística"?» Ninguna de nosotras había participado antes en algo místico, así que no sabíamos qué esperar, pero teníamos curiosidad y ansias de averiguarlo.

Dejamos nuestras cosas según las instrucciones para no perdernos nada. Nos unimos al resto de las mujeres de pie en un círculo con vistas a un vasto paisaje de campo verde y montañoso. En medio de nuestro círculo había una sábana blanca y encima de la sábana yacían muchas frutas, vegetales, frijoles y diferentes productos de la tierra.

Me quedé confundida, pero seguí adelante, emocionada por ver qué íbamos a hacer. En esta mística, cada persona en el círculo eligió una fruta, verdura, frijol o elemento de la tierra. Después de que cada persona escogió un artículo, dimos la vuelta al círculo y explicamos por qué lo elegimos y por qué era significativo o importante para nosotros.

Empecé a comprender que esta mística era una forma de rendir homenaje a la Tierra antes de que comenzáramos las discusiones más difíciles en el foro sobre problemas sistémicos globales. Esta fue una forma de hacer una pausa y simplemente ser uno con la Tierra. En este momento de admiración, sentí una sensación unificadora de consuelo.

La mística nos permitió detener el ajetreo de la vida y reflexionar sobre las cosas que nos traían alegría o nostalgia. Algunas mujeres hablaron sobre cómo crecieron cultivando cierta planta, mientras que otras hablaron sobre cómo una planta específica era un alimento básico en su familia y les recordaba la comunidad.

Destaco esta historia de Lamas, Perú, para mostrar que hay diferentes maneras en que los seres humanos nos involucramos y vemos nuestra relación con la naturaleza. La mística fue una experiencia completamente nueva para alguien como yo que creció en lugares urbanos de ritmo rápido. Rendir homenaje a la Tierra de esa manera me mostró una perspectiva completamente nueva sobre cómo ver y apreciar la naturaleza.

Antes de esto, mi única perspectiva sobre la naturaleza provenía principalmente de lo que aprendí en la academia occidental, que era que la naturaleza es un recurso y podemos elegir diferentes formas de administrarlo. Durante la mística, las mujeres me invitaron a ver la naturaleza como algo con lo que coexistimos, algo que guarda nuestros recuerdos y algo que se debe respetar y cuidar.

Vernos a nosotros mismos como coexistiendo con la naturaleza en lugar de verlo como un conjunto de recursos rentables, entrena la mente para pensar en sistemas. Pensar sistémicamente es necesario para un liderazgo sostenible eficaz, porque reduce nuestra sensación de falsa separación de la naturaleza y nos impide pensar únicamente en lo que la naturaleza puede hacer para ayudarnos a ascender en nuestras escalas económicas y sociopolíticas imaginarias. Enfatiza la coexistencia con la naturaleza y reconoce que, como humanos, somos parte de la naturaleza.

Cada respiración que tomamos es un marcador de nuestra relación simbiótica con la naturaleza. La naturaleza nos sostiene de la misma manera en que nosotros la sustentamos. Reconocer que no podemos sobrevivir sin la naturaleza, y viceversa, justifica nuestra responsabilidad de cuidarla mientras habitamos esta Tierra.

En este capítulo, discutiré el pensamiento sistémico y sus complejidades. El pensamiento sistémico nos recuerda que estamos en coexistencia con la naturaleza y permite una visión más integral del liderazgo en sostenibilidad. Reconocer los sistemas en los que existimos permite a los líderes de sostenibilidad recordar por qué hacen lo que hacen, cimentándolos en su propósito.

QUÉ ES EL PENSAMIENTO DE SISTEMAS

¿Qué es un sistema y por qué es necesario el pensamiento sistémico para que la sociedad avance hacia un futuro sostenible? Donella Meadows, pionera del pensamiento sistémico, define un «sistema» en su libro *Pensar en sistemas: una introducción*[16] como:

> Un conjunto de cosas (personas, células, moléculas [o cualquier cosa]) interconectadas de tal manera que producen su propio patrón de comportamiento a lo largo del tiempo [. . .] El hambre, la pobreza, la degradación ambiental, la inestabilidad económica, el desempleo, las enfermedades crónicas, la drogadicción y la guerra, por ejemplo, persisten a pesar de la capacidad analítica y la brillantez técnica que se han dirigido a erradicarlas. Nadie crea deliberadamente esos problemas, nadie quiere que persistan, pero persisten de todos modos. Esto se

---

16   Original en inglés: *Thinking in Systems: A Primer.*

debe a que son problemas intrínsecamente sistémicos: comportamientos indeseables característicos de las estructuras del sistema que los producen. Solo se rendirán cuando recuperemos nuestra intuición, dejemos de culpar, veamos el sistema como la fuente de sus propios problemas y encontremos el coraje y la sabiduría para *reestructurarlo*.

Pensar sistémicamente es limitar el pensamiento en silos. Esto es difícil de hacer debido a nuestra naturaleza intrínseca, que se centra en el yo. Meadows afirma que es común pensar en ideas de forma aislada, como el cambio climático, el COVID-19 y el racismo, por ejemplo, y lo más natural puede ser verlos como temas separados y sin relación. Pero pensar sistémicamente es reconocer que todos están relacionados. Entiendo mejor el pensamiento sistémico si lo mapeo de dos maneras: el pensamiento sistémico a microescala, que tiene más énfasis en el individuo, y el pensamiento sistémico a macroescala, que pone énfasis en la sociedad en general.

En una microescala, el pensamiento sistémico consiste en ver el yo en el sistema en todo lo que uno hace. Sin embargo, el pensamiento consciente en sistemas en una microescala no suele ocurrir intuitivamente. Por ejemplo, si estoy caminando hacia un restaurante en un día soleado, ciertamente no estoy pensando en cómo cada paso que doy y todo lo que veo es parte de un sistema vivo y dinámico. Todo lo que pienso es en qué lindo es el día soleado y cuánto ansío comer en el restaurante. Sin embargo, existe un gran potencial para pensar sistémicamente en este escenario.

Primero, el mero acto de caminar es un sistema: nuestros cuerpos tienen muchas partes móviles que nos mantienen vivos y en movimiento. Más allá de eso, mientras respiro durante mi caminata, estoy respirando el oxígeno que emiten las plantas y los árboles que se mantienen vivos mediante la fotosíntesis, que depende del sol; este también es un sistema. Entro al restaurante y conozco a las personas con las que estoy comiendo; la amistad es un sistema, una norma establecida para satisfacer nuestras necesidades sociales y mantener nuestro bienestar mental y emocional. En el restaurante, mis amigos y yo comemos alimentos de la naturaleza: funcionamos como parte de un ecosistema.

Esto es lo que yo consideraría un pensamiento sistémico internalizado a microescala: pensar sistémicamente en lo cotidiano y lo que nos rodea en el mundo. El pensamiento sistémico a microescala es útil en el liderazgo de la sostenibilidad porque afirma que sus líderes son altamente conscientes de su entorno y de cómo sus acciones impactan a los demás, así como los demás los impactan a ellos o a su área de trabajo.

Steve Schein analiza el pensamiento sistémico a microescala en el libro *Una nueva psicología para el liderazgo sostenible: el poder escondido de las cosmovisiones ecológicas*[17]. En el libro, Schein analiza la cosmovisión ecológica, el yo ecológico, la lógica de acción, las cosmovisiones posconvencionales, las órdenes de conciencia de Kegan y las formas en que estos conceptos se relacionan con la psicología de los líderes en sostenibilidad. Vale la pena

---

17   Original en inglés: *A New Psychology for Sustainability Leadership: The Hidden Power of Ecological Worldviews.*

explorar estos conceptos para descubrir cómo los líderes en sostenibilidad ejercen su complejo intelecto para ubicarse conscientemente en el sistema y actuar con determinación para catalizar el cambio sostenible.

Mientras exploro los conceptos del libro de Schein, los conectaré con los temas de «Una cosmovisión ecológica como base para un paradigma de sostenibilidad regenerativa para el entorno construido[18]», un artículo de Chrisna Du Plessis y Peter Brandon, y «El yo ecológico: una perspectiva psicológica sobre el cambio ambiental antropogénico[19]», un artículo de Einar Strumse.

En su libro *Una nueva psicología para el liderazgo sostenible: el poder escondido de las cosmovisiones ecológicas*, Schein define las cosmovisiones ecológicas como «patrones mentales profundos y formas habituales de ver nuestra relación con el mundo natural [. . .]. Esto incluye la forma en que pensamos acerca de nuestra relación individual con la naturaleza, así como la relación entre la sociedad humana, la tecnología y la naturaleza [. . .]. Sin una comprensión más profunda de cómo los seres humanos interpretamos los sistemas ecológicos dentro de los cuales todos existimos, el liderazgo en sostenibilidad puede solo lograr frenar nuestras prácticas insostenibles». Adquirir una cosmovisión ecológica nos proporciona una mayor conciencia del medio ambiente en su relación con la sociedad y con nosotros como individuos. Sin una cosmovisión ecológica, nuestras acciones, incluso

---

18   Original en inglés: «An Ecological Worldview as Basis for a Regenerative Sustainability Paradigm for the Built Environment».

19   Original en inglés: *The Ecological Self: A Psychological Perspective on Anthropogenic Environmental Change.*

nuestras llamadas acciones de sostenibilidad, pueden actuar
en forma paradójica.

Es importante considerar la cosmovisión ecológica que Schein
describe en su libro como parte del pensamiento sistémico
a microescala, porque una cosmovisión ecológica es el lente
a través del cual los líderes de sostenibilidad ven su relación
con la naturaleza. En «Una cosmovisión ecológica como
base para un paradigma de sostenibilidad regenerativa para
el entorno construido», du Plessis y Brandon explican cómo
«"ecológica" es una comprensión de que estamos tratando
con sistemas vivos y todo lo que viene con tales sistemas,
incluidas las conexiones, flujos, relaciones, interdependencia,
evolución y conciencia. La cosmovisión ecológica ve el mundo
como constantemente regenerado a través de interacciones
dentro de los sistemas en todas las escalas y niveles de existencia (físico, intelectual, emocional, social y espiritual). Estas
interacciones dan como resultado flujos de materia, energía,
información e influencia, así como procesos de adaptación y
autoorganización, que a su vez permiten que estos sistemas
evolucionen. En este mundo, los fenómenos no existen de
forma independiente, sino que surgen a través de diferentes
tipos de relaciones y los procesos que provocan». Las cosmovisiones ecológicas son una forma de ver y comprender
cómo un individuo interactúa y se relaciona con sistemas
dinámicos, en evolución y complejos.

MI EXPERIENCIA CON EL PENSAMIENTO SISTÉMICO A MICROESCALA Y LA VISIÓN ECOLÓGICA DEL MUNDO

Cuando Schein entrevistó a varios líderes de sostenibilidad
en su libro para comprender las historias que dieron forma

a sus cosmovisiones ecológicas, descubrió que las principales influencias de sus cosmovisiones ecológicas eran las experiencias de la infancia en la naturaleza, la educación ambiental y los maestros impactantes, que presenciaron la degradación ambiental en comunidades locales y en todo el mundo, o tener un sentido de espiritualidad. La experiencia de la infancia también fue una gran inspiración y motivación para los líderes de sostenibilidad que entrevisté para mi libro.

A lo largo de mi vida he tenido varios despertares ecológicos que me han llevado a tener pasión por el medio ambiente. Uno de mis despertares más vívidos ocurrió hacia el final de mi tiempo viviendo en Perú, cuando mi compañera de casa y yo íbamos de excursión a la Laguna 69, que, según el Servicio Geológico de EE. UU., con sus 4604 metros sobre el nivel del mar es más alta que cualquier punto del Estados Unidos contiguo. Nunca me había sentido como lo hice en esta caminata. Con cada paso que daba me asombraba la belleza que me rodeaba.

Había cascadas que fluían, montañas cubiertas de nieve abrazadas por el sol, flores silvestres de color púrpura, animales pastando, ríos tranquilos, aire fresco y, al final del sendero, una laguna de color azul eléctrico. Fue etéreo. Estaba tan asombrada que tuve que detener mi caminata y ponerme de rodillas, no porque estuviera cansada sino porque tenía que ser como la naturaleza que me rodeaba.

En ese momento, sentí como si estuviera en un mundo perfecto, casi como el cielo. Era como si nada pudiera interrumpir el flujo y reflujo de la naturaleza, incluso si lo intentara. Fue tan pacífico.

Ya que nunca estuve particularmente interesada en las excursiones mientras crecía, nunca pensé que la presencia de la naturaleza me pondría de rodillas. Pero allí estaba yo. Este ha sido el recuerdo más impactante que marcó el comienzo de mi cosmovisión ecológica.

A través de esta experiencia y otros momentos impactantes a lo largo de mi vida, comencé a darme cuenta de mi «yo ecológico». Introducido por Arne Næss, el *yo ecológico* es el concepto en el que un individuo se identifica con la naturaleza. El yo ecológico se relaciona con el pensamiento de sistemas a microescala porque su énfasis está en el individuo y cómo ese individuo es parte de la naturaleza y todos sus sistemas. El concepto tiene sus raíces en la ecología profunda, que se expone en el artículo de Strumse «El yo ecológico: una perspectiva psicológica sobre el cambio ambiental antropogénico», donde afirma: «Esta forma de identificación es el resultado de una expansión psicológica del sentido del yo desde el ego aislado a través de la identificación con la humanidad hasta la identificación con la biosfera». Esta descripción predica que el yo ecológico requiere un sentido superior de pensar o ser, lo que significa que uno es capaz de trascender sus propios pensamientos, o su propio ego, a su entorno. El yo ecológico difiere de la cosmovisión ecológica porque la cosmovisión ecológica es el lente a través del cual vemos nuestra relación con la naturaleza, lo que puede implicar que el individuo todavía está separado de la naturaleza. El yo ecológico, por el contrario, significa que el individuo es parte de la naturaleza.

Schein explica una comprensión ecopsicológica del yo ecológico en su libro:

El yo ecológico madura a través de la recuperación y
el desarrollo de nuestros sistemas sensoriales, cana-
les desarrollados para traducir el «aquí adentro»
y el «allá afuera» [. . .] [donde] nuestros mundos
interior y exterior pueden volverse menos rígidos
y el yo ecológico maduro percibe su permeabilidad.
Esto implica tener una experiencia directa de la
interconexión de la naturaleza. En última instancia,
nuestra empatía e identidad con el ecosistema más
amplio se produce como resultado de estos cambios
en la percepción.

El yo ecológico conecta nuestro sentido interno de ser con los sistemas naturales que nos rodean. Me gustó que Schein mencionara la empatía, ya que me recordó una expresión conocida: «La cercanía lleva a la empatía». Si nos ubicamos en la naturaleza, podemos empatizar con ella y con todo lo que está encarnado en ella.

Más adelante en su libro, Schein se basa en su discusión sobre el yo ecológico al afirmar que «la interdependencia de toda la vida sigue siendo solo un concepto mental, sin el poder de afectar nuestra acción en el mundo, a menos que adquiera alguna realidad emocional. [Esta es una] distinción importante que, para que el yo ecológico catalice una nueva psicología y, en última instancia, una nueva forma de actuar y tomar decisiones, el futuro líder en sostenibilidad deberá sentirlo».

Su revelación argumenta que liderar en sostenibilidad es ser más que simplemente hacer; no es una tarea rutinaria e inconexa, sino un acto impulsado por un propósito que une tanto lo interno como lo externo. Para ser un líder de sostenibilidad efectivo, uno debe estar en armonía con los sistemas de adentro y alrededor.

TRASCENDIENDO EL YO EN EL SISTEMA: PENSAMIENTO DE SISTEMAS A MACROESCALA

Discutí anteriormente en este capítulo lo que considero un pensamiento sistémico a microescala, y ahora quiero explorar el pensamiento sistémico a macroescala, donde se toman en consideración las estructuras sociales e institucionales. Ser consciente de las estructuras más grandes integradas en los sistemas es fundamental para un liderazgo de sostenibilidad efectivo e impactante porque allana el camino para desarraigar los problemas sociales y planetarios. Es necesario pensar en sistemas a macroescala para catalizar el cambio de manera proactiva.

En su libro, Schein realizó entrevistas con ejecutivos de sostenibilidad y descubrió que:

> Quizás la más importante de las cinco formas en que los líderes de la sostenibilidad expresaron visiones ecocéntricas del mundo es la conciencia mejorada de los sistemas. Esto es indicativo de su capacidad para ver una amplia gama de interdependencia no solo con los ecosistemas de la Tierra sino también internamente dentro de sus organizaciones y externamente a través de múltiples culturas, etnias y países. Con base en sus roles en organizaciones altamente complejas y de gran escala, estos ejecutivos de sostenibilidad global parecen reconocer la interconexión de las fuerzas sociales, económicas, ambientales y políticas que influyen en

las iniciativas de sostenibilidad que defienden. Para navegar los complejos desafíos globales que enfrentamos, una conciencia de sistemas fuerte y altamente desarrollada puede ser la capacidad más crucial que los líderes de sostenibilidad del futuro deben poseer.

¿Cómo se establecen los sistemas o qué hace que los sistemas surjan? *Paradigmas*.

En el libro *Pensar en sistemas* de Donella Meadow, ella define los paradigmas como:

La idea compartida en la mente de la sociedad, las grandes suposiciones no declaradas, constituyen el paradigma de la sociedad o las creencias más profundas sobre cómo funciona el mundo. Estas creencias no se declaran porque no es necesario declararlas, todo el mundo ya las conoce [. . .]. El crecimiento es bueno. La naturaleza es una reserva de recursos que han de transformarse para fines humanos. Uno puede «poseer» la tierra. Esas son solo algunas de las suposiciones paradigmáticas de nuestra cultura actual, las cuales han dejado completamente estupefactas a otras culturas que no las consideraban ni un poco obvias. Los paradigmas son las fuentes de los sistemas. De ellos, de los acuerdos sociales compartidos sobre la naturaleza de la realidad, surgen las metas del sistema y los flujos de información [. . .] y todo lo demás sobre sistemas.

Los paradigmas existentes tienen la capacidad de perpetuar sistemas injustos, razón por la cual el cambio de sistemas a menudo exige un cambio de paradigma. En la primavera de mi último año en la universidad, aprendí por primera vez sobre paradigmas junto con la ciencia normal y posnormal en mi clase de política ambiental. La ciencia normal se define como un conjunto de temas, hipótesis o métodos establecidos que operan dentro de un paradigma. La ciencia posnormal se define como enfoques nuevos o novedosos que operan fuera del paradigma de la ciencia normal. La ciencia normal, o los paradigmas preexistentes, deben operar dentro de la norma y dentro de los sistemas que existen actualmente. La ciencia posnormal es trabajar contra la norma y crear un cambio en el sistema existente.

Esto se relaciona con el Capítulo 2 y mi discusión sobre el resultado final triple (personas, planeta y ganancias). «Personas, planeta, ganancias» funciona dentro de la norma (ciencia normal), mientras que «personas, planeta, prosperidad» y «sostenibilidades justas» funcionan fuera del paradigma normal y tratan de cambiar el paradigma prevaleciente (ciencia posnormal).

Los paradigmas de la ciencia normal y posnormal son dos enfoques para lograr un futuro sostenible y resiliente.

Pero el enfoque final puede justificar trascender todos los paradigmas de un individuo. Ser capaz de salir de la zona de confort de uno, que es el paradigma a través del cual uno elige navegar y comprender el mundo, puede desafiar al individuo a tomar un camino desconocido hacia la forma más grande de cambio novedoso. Esto requiere mucha imaginación, voluntad y humildad.

En el libro de Schein, describe un estudio realizado por la investigadora de sostenibilidad, Katrina Rogers, que explora cómo el concepto del yo ecológico puede o no influir en la capacidad de un ejecutivo para actuar y liderar en cuestiones ambientales. Aquí hay una similitud entre lo que Schein describe más tarde en su libro como las órdenes de conciencia de Kegan y el concepto de trascendencia, y lo que Strumse analiza a través del lente de la psicología transpersonal. Los ejecutivos del estudio de Rogers identificaron momentos específicos que afectaron su perspectiva sobre el medio ambiente. Para algunos, su perspectiva provino de una epifanía única, y para otros, fue gradual con el tiempo. Pero todos los ejecutivos del estudio dijeron que las experiencias que dieron forma a su cosmovisión ecológica impactaron permanentemente la forma en que abordaron el liderazgo en sostenibilidad, que Schein identifica como «el extremo más avanzado del espectro de los seres ecológicos». Quiero apoyarme en esta idea —el extremo avanzado del espectro de los seres ecológicos—, ya que evoca una discusión sobre los procesos mentales avanzados necesarios para un mayor sentido de conciencia de los sistemas, que a su vez conduce a una mayor eficacia.

La teoría del orden de la conciencia de Kegan se deriva de una perspectiva de la psicología del desarrollo en la que las etapas de la vida se describen en cinco órdenes separados. Los dos órdenes más altos —«la mente que se crea a sí misma» y «la mente que se transforma a sí misma»—, es donde emergen las cosmovisiones posconvencionales, según Schein. Las cosmovisiones posconvencionales son etapas más avanzadas del desarrollo humano que impulsan la acción y el pensamiento sistémico mejorado. Según Schein, en estas etapas hay «un conjunto de convicciones internas más profundas que pueden servir como un conjunto de visiones o valores más amplios». Aquí, un individuo comienza a trascender el yo.

Trascendencia es existir más allá de la mente, el cuerpo o cualquier cosa en el mundo físico. Es existir más allá de la norma. Strumse describe la trascendencia en términos de existir en lo transpersonal, que es «[reconocer que] cualquier intento de mejorar las condiciones humanas debe considerar cuestiones globales, sociales y ambientales». La trascendencia en este sentido es ser capaz de superar el enfoque de uno mismo, cerrando la brecha de la distancia psicológica y reconociendo que el individuo existe como parte de un sistema socio ecológico dinámico.

La única salvedad con los cambios de paradigma, la trascendencia y el cambio de sistemas es que toman mucho tiempo. A medida que los sistemas evolucionan hacia algo más justo y resiliente para todas las personas y el planeta, algunos aún se quedan atrás en el proceso. Mientras buscamos cambiar paradigmas y cambiar sistemas, también debemos pensar en soluciones que no dejen atrás a las personas y al planeta. El cambio de sistemas no debe ser a costa del florecimiento de nadie. Esto sería paradójico. Al trabajar para crear una transformación a largo plazo, debemos crear soluciones que también atiendan las necesidades a corto plazo.

CAPÍTULO 5

PERSPECTIVAS SOBRE EL LIDERAZGO SOSTENIBLE: TEMAS Y OBSERVACIONES

SEPTIEMBRE 2018

Como parte de nuestro trabajo para defender los derechos territoriales indígenas en Perú, mi equipo y yo visitamos varias comunidades indígenas en la región de San Martín, Perú, para comprender los desafíos que enfrentaban.

Recuerdo el viaje a una comunidad en particular. Sin caminos para llegar allí, la única forma era navegar en canoa por el vasto río Huallaga. Comenzamos en el pueblo más cercano y navegamos en canoa durante cuatro horas hasta que finalmente llegamos.

Poco después de nuestra llegada, comenzamos nuestra reunión con los líderes comunitarios. En nuestros viajes anteriores, las comunidades indígenas solo habían tenido unos pocos líderes comunitarios selectos que se habían reunido con nosotros. Estos pocos elegidos tenían el título de apu, que es similar a la palabra «jefe» o «cabeza» de la comunidad. Esta fue la primera vez que el apu insistió en la participación de toda la comunidad en nuestra reunión. El apu nos dijo que decidió incluir a todos porque no quería que se tomaran decisiones importantes o discusiones sin el conocimiento y la participación de toda la comunidad. Este fue un vívido ejemplo para mí de que la transformación y el progreso se llevan mejor juntos.

Comparto esta historia porque tomar decisiones de manera equitativa, inclusiva y colectiva es fundamental para un liderazgo de sostenibilidad impactante. Si bien podemos imaginar y esperar un futuro justo, equitativo e inclusivo, debemos reconocer la falla flagrante actual en nuestros sistemas debido a la exclusión y la opresión. Los líderes de la sostenibilidad deben involucrar a las partes interesadas, los electores y las comunidades en los procesos de toma de decisiones si quieren avanzar hacia un futuro más justo y resiliente para todos.

Para obtener una comprensión más profunda de lo que define el liderazgo sostenible, entrevisté a sesenta y dos líderes en sostenibilidad para escuchar de primera mano lo que hacen y obtener una idea de lo que se requiere para llevar a cabo con éxito esta agenda. Las personas que entrevisté incluyeron oficiales de sostenibilidad, oficiales de resiliencia, vicepresidentes de sostenibilidad, directores de sostenibilidad, directores de responsabilidad social corporativa, gerentes de sostenibilidad, líderes de equidad e inclusión, directores ejecutivos, especialistas, empresarios, profesores, pensadores críticos de sistemas, defensores de la justicia y la equidad, fundadores y autores.

Para obtener una perspectiva amplia, los profesionales que entrevisté abarcan industrias tanto en el sector público como en el privado. Esto incluye a las personas que trabajan en empresas, universidades, gobiernos municipales, gobiernos federales y organizaciones sin fines de lucro. Los líderes van desde aquellos que han estado en la profesión de la sostenibilidad durante décadas hasta los líderes de la generación milenio y la generación Z que son el futuro de la profesión de la sostenibilidad. Entrevistar a personas de áreas de especialización tan diversas me permitió obtener una comprensión integral de lo que significa ser un líder en sostenibilidad.

En las entrevistas, le hice a cada persona una serie de preguntas sobre el liderazgo sostenible con un enfoque en los roles del oficial de sostenibilidad. Analicé y reflexioné sobre las entrevistas para buscar puntos en común y temas en las sesenta y dos entrevistas. Analizar las entrevistas por sus temas me permitió captar aprendizajes clave de la riqueza de experiencias que proporcionaron los entrevistados.

Ya que mi sueño es llegar a convertirme en una líder en sostenibilidad y resiliencia integral, inclusiva y proactiva, realicé entrevistas porque reconozco la importancia de escuchar directamente a los líderes en sostenibilidad hablar de sus reflexiones sobre el pasado, los desafíos del presente y las esperanzas para el futuro de sus roles. Si bien los libros y los recursos en línea pueden enseñarle a alguien acerca de la sostenibilidad y su liderazgo, ningún otro recurso puede reemplazar el valor de hablar y aprender de aquellos que lideran en los campos de sostenibilidad y resiliencia.

Mientras reproducía las entrevistas, identifiqué palabras clave que representaban una variedad de temas. Conté y conté los términos clave para ver si aparecían en más de una entrevista. Luego, analicé el significado con el que se usaron en el contexto de la conversación. Consolidé los temas que aparecieron con mayor frecuencia entre las sesenta y dos conversaciones y, en este capítulo, destacaré los que encontré más pertinentes. Estos temas describen las cualidades y características que componen a los líderes de sostenibilidad y las acciones que a menudo necesitan para operar con éxito en sus roles.

Debido a que mis preguntas se referían a los roles del oficial de sostenibilidad, muchas de las respuestas de los entrevistados tienen la frase «oficial de sostenibilidad», pero la perspectiva no se limita a ese rol. Sus ideas se aplican a otros roles de liderazgo en esta área, como directores, vicepresidentes y gerentes de sostenibilidad, o incluso roles que no tienen la palabra «sostenibilidad» en su título, pero que siguen siendo roles impulsados por un propósito con misiones alineadas con la sostenibilidad y la resiliencia.

Dejando a un lado los títulos, busqué obtener una comprensión de las personas que lideran la sostenibilidad al más alto nivel en varias estructuras organizacionales. Como me explicó un exoficial de sostenibilidad en una entrevista: «La definición del rol del oficial de sostenibilidad es el sénior u oficial a cargo de la sostenibilidad de una empresa».

Esto significa que no todos los oficiales de sostenibilidad tienen ese título específico. Sus títulos pueden variar desde director de sostenibilidad hasta gerente de responsabilidad corporativa. A menudo, quienes desempeñan el papel de oficial de sostenibilidad lideran la sostenibilidad al más alto nivel en la empresa, el gobierno de la ciudad o universidad, independientemente de su título. En algunas de mis descripciones a lo largo de este capítulo, utilizo la frase «oficial de sostenibilidad» para simplificar, pero reconozco que esta discusión no se limita a ese título.

TEMAS Y OBSERVACIONES DE LAS ENTREVISTAS

Los siguientes temas no están en ningún orden particular de importancia o relevancia.

ESPECIALISTAS EN MANTENIMIENTO DEL CAMBIO

En mis entrevistas, a los oficiales de sostenibilidad se les denominaba comúnmente «especialistas en gestión del cambio». Un gerente de sostenibilidad del gobierno de una gran ciudad discutió este tema de cambio al afirmar:

> Como especialistas en gestión del cambio, los líderes de sostenibilidad están trabajando para evaluar el conjunto actual de sistemas bajo los cuales opera la organización. También están trabajando para evaluar oportunidades de mejora, como la reducción del impacto ambiental y la mejora de la salud pública y la equidad social. Los líderes de sostenibilidad trabajan para hacer que una organización sea más eficiente y holística en la toma de todas sus decisiones. El oficial de sostenibilidad o el gerente de sostenibilidad, o el director o cualquiera que sea el título, por lo general debe ser un experto como agente de gestión de cambio, un experto en evaluar oportunidades y en

construir las relaciones y las redes necesarias para lograr la aceptación de esos cambios.

Este gerente de sostenibilidad analiza la importancia de cómo los líderes en sostenibilidad trabajan como especialistas en gestión del cambio para evaluar los sistemas organizacionales actuales. El cambio está indisolublemente ligado al pensamiento sistémico. El cambio es una interrupción de algo que ya existe o está establecido. Por lo tanto, el cambio puede verse como una interrupción de los sistemas fundamentales que han permanecido por largo tiempo y sobre los cuales se han construido las organizaciones.

La sostenibilidad en su esencia requiere un cambio de sistemas porque no es tradicional ni convencional. La sostenibilidad como habilidad o profesión no ha existido durante años, a diferencia de otros campos o profesiones tales como la medicina o el derecho. La integración profunda de la sostenibilidad en los sistemas requiere un cambio cultural significativo, ya sea un cambio dentro del sistema establecido en el que están trabajando los líderes de sostenibilidad o completamente un cambio de paradigma.

¿Qué impulsa a alguien a buscar el cambio o incluso a reconocer que se está produciendo un cambio? Creo que los humanos buscan el cambio o identifican un cambio cuando comprenden la cultura o el sistema en el que se encuentran y pueden identificar los patrones existentes. Ya sea una empresa, un departamento, una institución o una ciudad, todas estas son partes funcionales de sistemas preestablecidos que pueden transformarse mediante un cambio impactante.

PENSADORES DE SISTEMAS

Debido a que la sostenibilidad es inherentemente interdisciplinaria, requiere pensar en sistemas. Ya sea que uno defina
la sostenibilidad estrictamente como el resultado final triple,
como ESG (ambiental, social, de buen gobierno) o en términos
de satisfacer las necesidades de las generaciones actuales y futuras, todo esto requiere de enfocarse más allá de una sola área.

> Un director de sostenibilidad y resiliencia del
> gobierno de una gran ciudad discutió conmigo la
> vitalidad del pensamiento sistémico en los roles de
> liderazgo en sostenibilidad:
>
> Un oficial o director de sostenibilidad es interdisci-
> plinario. En su función, no se trata solo de saber o
> ser un experto en un área, se trata de ser un experto
> en múltiples áreas. Debe comprender el pensamiento
> sistémico para comprender los diversos componentes
> que contribuyen a los resultados y cómo, por ejemplo,
> el reacondicionamiento contribuye realmente a una
> mejor salud pública porque reduce las emisiones.

Este director de sostenibilidad y resiliencia describe cómo los
líderes en esta área, como pensadores de sistemas, deben tener
conocimientos en múltiples áreas, también conocidos como
«generalistas». Otros entrevistados estuvieron de acuerdo con que
los líderes de sostenibilidad deberían ser generalistas, mientras
que algunos entrevistados ofrecieron perspectivas de que los líderes de sostenibilidad deberían ser «profundos expertos técnicos».

Un profundo experto técnico que trabaja para una empresa química, por ejemplo, podría querer tener una formación educativa

o profesional en química o ingeniería química para avanzar la agenda de sostenibilidad. Una interpretación más amplia de un líder en sostenibilidad con experiencia técnica sería alguien que adquiere un conocimiento profundo de la forma en que funciona una empresa o burocracia, al trabajar en un lugar durante muchos años. Esto significa ser fluido a una escala organizacional más que en un pequeño tema en particular.

El generalista puede o no tener una gran experiencia técnica en estos aspectos, pero dirige su liderazgo en pro de la visión general, la dirección estratégica y la programación de la sostenibilidad para toda una entidad. A menudo, el generalista tiene un equipo de expertos técnicos para hacer operativos los esfuerzos de la sostenibilidad. Si bien los líderes en sostenibilidad que son profundos expertos técnicos también pueden tener un equipo de expertos técnicos debajo de ellos que los apoyan en la implementación de la sostenibilidad, el generalista probablemente necesitará el apoyo de un equipo de profundos expertos técnicos.

Que el líder en sostenibilidad sea un experto técnico o un generalista depende de la industria o el tipo de entidad en la que trabaje. Después de todo, la sostenibilidad impregna muchas áreas diferentes dentro del lugar de trabajo y necesitará algún tipo de apoyo y colaboración.

PERMANECER RELEVANTE: LA NECESIDAD DE HABLAR EL LENGUAJE DE OTROS

Otro tema clave que surgió de las entrevistas, fue la capacidad de hablar «el idioma de otra persona». Es decir, aprender a ver los problemas y las soluciones desde múltiples perspectivas.

Este tema indica la importancia de conocer a las personas donde están y enmarcar la sostenibilidad como una oportunidad para todos, ya sea desde una perspectiva legal, de seguridad, financiera o de recursos humanos, por ejemplo. Hablar el idioma de otras personas era un tema predominante en mis conversaciones. Hubo un fuerte consenso entre mis entrevistados de que este concepto es clave para seguir siendo relevante como líder de sostenibilidad en una organización.

Mantener la relevancia es importante cuando se trata de impulsar la agenda de la sostenibilidad porque ayuda a que las partes interesadas entiendan por qué la sostenibilidad es importante para ellos y para los demás. Esto nos lleva de vuelta al concepto de distancia psicológica y cómo nuestra naturaleza humana nos lleva a cuidar de algo o a actuar de cierta manera si sabemos que esto nos afectará ahora o en el futuro. Aprender a hablar el idioma de otra persona (en sentido figurado) genera un sentido de relevancia en el individuo, lo cual cierra luego la brecha que crea la distancia psicológica.

La empatía entra aquí como una característica clave para un liderazgo de sostenibilidad impactante. Para avanzar en la sostenibilidad, uno no debe limitarse a sus propias formas de pensar. Esto requiere ponerse en el lugar de otros, considerando qué presión puede estar enfrentando otra persona y qué expectativas debe cumplir. Esto también conduce a oportunidades de colaboración y lluvia de ideas, que solo pueden dar lugar a mejores y más innovadoras soluciones. Salir de uno mismo de esta manera requiere de mucha paciencia, de escuchar a otros, de humildad y aprendizaje. Pero los resultados se podrán ver en la unión de fuerzas y un sentido de alianza.

Cuando hablé con un consultor de sostenibilidad de una organización de consultoría de sostenibilidad enfocada en el sector público, elaboró este concepto de hablar el idioma de otras personas:

No se puede obligar a la gente a hacer algo diferente. Uno debe comprender cuáles son los desafíos reales que enfrentan sus colegas en otras partes de la organización y luego adaptar sus soluciones, sus intervenciones o sus políticas propuestas para cumplir con eso.

Y eso es exactamente igual en nuestro papel como consultores. A veces un alcalde nos pregunta: «¿Debería crear yo una oficina de sostenibilidad?», entonces tenemos que pensar en cómo presentarles eso de una manera que tenga más sentido.

Con las ciudades, obtenemos los mejores resultados en el campo de la sostenibilidad cuando no hablamos sobre el medio ambiente, sino cuando hablamos sobre las cosas que le importan a la gente. Ya sea que se trate de desarrollo económico, desarrollo de la fuerza laboral o salud o seguridad públicas, esos son los tipos de problemas que les importan a los residentes y a los alcaldes.

Como profesionales de la sostenibilidad, tenemos mucho éxito cuando hablamos de proteger el medio ambiente por sí mismo, y ciertas audiencias estarán de acuerdo con eso. Pero cuando usamos ese lenguaje, obtenemos mucho menos apoyo de parte de los que toman las decisiones, que son a los que estamos tratando de influir.

Debido a que estamos en un sistema capitalista, cuando intentamos liderar la sostenibilidad tanto en el sector público como en el privado, comunicar la propuesta de negocios es vital para que las personas puedan ver que la sostenibilidad agrega valor.

Un líder de opinión y autor de sostenibilidad global habló sobre esto diciendo:

> Tienes que traducir todos los beneficios ambientales y sociales al negocio. Eso es lo que da la *propuesta de negocios*. A muchos de nosotros nos apasiona la sostenibilidad, y eso es fantástico. Pero la pasión no es suficiente. Tienes que ganarte el derecho a estar en la mesa y tener estas conversaciones con los altos ejecutivos de la empresa. Y la forma de hacerlo es articular los beneficios de la sostenibilidad en términos comerciales.

Un exoficial de sostenibilidad de una gran ciudad costera proporciona un ejemplo interesante de la justificación comercial de uno de los proyectos de su ciudad:

> Estamos haciendo una ampliación de cincuenta mil pies cuadrados al ayuntamiento, y estamos tratando de certificarlo como un edificio Reto Edificio Vivo,[20] lo que significa que será energía neta cero, agua neta cero y un edificio saludable donde las personas puedan trabajar. Eso cuesta alrededor de un siete por

---

20 El nombre de este programa en inglés es Living Building Challenge.

ciento más al inicio, pero dentro de veinte años, ese edificio se pagará solo.

Eventualmente, no tendremos facturas de servicios públicos para ese edificio. Genera su propia energía, recolecta agua de lluvia para beber, y la ciudad será dueña de ese edificio por lo menos durante cien años. Esa es una oportunidad de ganancia en efectivo para la ciudad durante ochenta años, por lo que tiene sentido gastar más dinero por adelantado en lugar de ser propietario de un edificio ineficiente que nos costará mucho más dinero a lo largo de los años. No tiene sentido no operar de manera sostenible.

También entrevisté a un líder de opinión que proporciona otro ejemplo en el que la misma sostenibilidad se ve como una oportunidad para la innovación que cataliza el crecimiento empresarial:

En una empresa de software global, el equipo de sostenibilidad reporta al director técnico. Su equipo de sostenibilidad hace las cosas normales que hacen los equipos de esta área en otras empresas, como compromisos e iniciativas para tratar de aumentar la eficiencia, pero también tiene a su cargo el objetivo de brindar servicios a sus clientes. El equipo de sostenibilidad de esta empresa de software tiene incentivos dentro de sus centros de datos para desarrollar servicios y tecnologías que puedan ayudar a sus clientes a ser más sostenibles, por lo tanto los están convirtiendo en oportunidades de productos e innovación.

Basado en este ejemplo, creo que lo que se necesita es que el oficial de sostenibilidad sea parte de un equipo o división que no solo sea visto como un centro de costos sino como una fuente de potencial para nuevos productos, nuevas bases de clientes y así sucesivamente.

Una de las principales barreras que impiden la acción de sostenibilidad en empresas, ciudades y universidades es el gasto. Pero a menudo se detiene allí, sin ningún deseo de imaginar cómo la sostenibilidad puede ser una oportunidad de crecimiento, valor a largo plazo o desarrollo empresarial.

Los líderes en sostenibilidad deben presentar la propuesta de negocios a favor de la sostenibilidad, pero, como se mostró en el ejemplo de esta empresa de software, también tienen la oportunidad de ver la sostenibilidad como un medio para iniciar oportunidades innovadoras en su organización.

ESCUCHAR

Ser un oyente entusiasta fue otro tema que surgió en las entrevistas. Cuando hablé con una gerente de sostenibilidad del gobierno de una gran ciudad, pude preguntarle a qué se refiere con «un tour para escuchar»:

De manera similar a la construcción de relaciones cuando eres nuevo en un puesto, hacer recorridos para conocer la comunidad y a los diferentes miembros de una organización te permite generar ideas que la gente quiere que se lleven a cabo, y también es una forma de descubrir otros valores que ellos tienen.

Luego, cuando estés proponiendo mejoras, puedes decir: «Escuché que se dijo esto en esta reunión, por lo que creo que debemos abordarlo».

Aprecié mucho que esta gerente de sostenibilidad destacara el conocido concepto del *tour para escuchar*. A través de este recorrido, los líderes pueden promulgar un pensamiento circular y aprender el lenguaje de otras personas (en sentido figurado) para adaptar su propia agenda de sostenibilidad a lo que se necesita.

El tour para escuchar cultiva la confianza y construye relaciones entre los líderes de sostenibilidad y los miembros de una organización. Esto requiere un sentido de desinterés propio porque obliga al individuo a dar un paso atrás en sus propios deseos y lo alienta a escuchar atentamente las necesidades de los demás. Es una postura consciente de humildad y paciencia. Esto permite que el líder en sostenibilidad conozca profundamente el sistema en el que está operando. También fomenta una acción de sostenibilidad más inclusiva y equitativa. Este enfoque en escuchar, como característica de un líder de sostenibilidad efectivo, me emociona, porque significa que las posibilidades de soluciones de sostenibilidad son infinitas: el aprendizaje nunca se detiene a medida que las partes interesadas y sus necesidades cambian y evolucionan.

PARTICIPACIÓN, COLABORACIÓN Y CONFIANZA DE LAS PARTES INTERESADAS

Involucrar a los miembros de una organización, colaborar y cultivar la confianza a través de las relaciones, crea una cultura de innovación e inclusividad. Todos estos fueron temas que constantemente aparecieron en mis entrevistas.

Un director de sostenibilidad del gobierno de una gran ciudad costera discutió la importancia de involucrar a los miembros de una organización al afirmar:

> El director de sostenibilidad tiene que escuchar y considerar las perspectivas de una amplia gama de personas. Por ejemplo, si el director de sostenibilidad está pensando en prohibir el gas natural en una construcción nueva, debe pensar en los cambios de costos, mano de obra y fuerza laboral, al mismo tiempo que debe tener en cuenta las necesidades de los promotores inmobiliarios y los defensores de la vivienda. Al prohibir el gas natural en construcciones nuevas, el director de sostenibilidad podría estar afectando al sindicato de instaladores de tuberías, y existe la posibilidad de que se pierdan puestos de trabajo.

> Un desafío para el director de sostenibilidad es no solo estar dispuesto a escuchar todas esas voces, sino también tener una relación de confianza con todas ellas para que obtengan buena información y puedan trabajar juntos hacia una solución efectiva. La construcción de relaciones es clave, y la base para las relaciones es la confianza. La confianza se trata de ser creíble, confiable y poder conectarse con las personas.

Involucrar a las partes interesadas de una organización es fundamental para que el líder de sostenibilidad se asegure de que se satisfagan las necesidades de todos lo mejor que se pueda.

El fundador y presidente de una organización de liderazgo describe un ejemplo en el que no comprometerse con las partes interesadas y no colaborar puede poner en riesgo la integridad y la capacidad de avanzar en la agenda de la sostenibilidad:

> Muchas veces, sorprendentemente, las empresas se contradicen. Un lado de la empresa hablará sobre sostenibilidad y diversidad, equidad e inclusión, y el otro lado de la empresa cabildeará y participará en asociaciones comerciales que están bloqueando eso. Es una gran oportunidad para más integridad, más acción y más confianza.

Tal vez la colaboración y el compromiso de los miembros de una organización puedan mitigar o incluso prevenir que ocurran tales situaciones. Los líderes de sostenibilidad que involucran a otros miembros y colaboran con ellos, crean un camino para la transparencia, la confianza y la alineación para que una organización no trabaje contra sí misma.

INFLUENCIADORES

Otro tema que surgió a lo largo de mis entrevistas fue la influencia. La influencia en este sentido es la capacidad de inspirar a las personas a unirse al viaje hacia un futuro más sostenible. Influir es plantar una semilla de esperanza en alguien para que quiera ser un defensor de un mundo más justo, sostenible y resiliente. Influir es algo increíblemente difícil de hacer, especialmente en un tema como la sostenibilidad, que es bastante nuevo y no necesariamente un término ampliamente reconocido.

Un ejecutivo de sostenibilidad que ha liderado empresas multinacionales y una oficina federal de la administración pública explica:

Los oficiales de sostenibilidad deben tener una gran comprensión, familiaridad y empatía con su negocio principal o corporación. En última instancia, van a ser influenciadores en primer lugar y operadores en segundo lugar [. . .]. Solía llamar a esto «influencia sin autoridad», y esta es una habilidad no técnica, sino de personalidad. Otro aspecto crítico es el lenguaje: comprender cómo traducir diferentes funciones, objetivos y estrategias. Porque al final del día, si vas a influir, tienes que ser fluido en cómo piensan los demás.

Este ejecutivo de sostenibilidad plantea un punto importante: *la empatía* es una parte clave para ser un líder de sostenibilidad exitoso. Al escuchar atentamente las necesidades de varios constituyentes y miembros, y empatizar con ellos, un líder de sostenibilidad comprenderá mejor sus necesidades y podrá incorporar la retroalimentación de las partes interesadas internas y externas a la acción.

Este ejecutivo de sostenibilidad también mencionó «influir sin autoridad», lo cual es importante para que otros se sientan empoderados para actuar de manera sostenible. También conecta la influencia con la capacidad de hablar el idioma de otras personas. Un paso crítico para influir es hacer que la sostenibilidad sea relevante y comprensible para las personas, de manera que las motive a actuar y a conocer las consecuencias de no actuar.

Un gerente de sostenibilidad del gobierno de una gran ciudad continúa la conversación sobre la influencia diciendo: «Los oficiales de sostenibilidad necesitan formar campeones en otros. La responsabilidad no puede recaer simplemente sobre sus hombros para lograr el cambio».

La declaración de este gerente de sostenibilidad implica que los líderes en sostenibilidad deben influir y capacitar a las personas para que sean defensores de la sostenibilidad, campeones y líderes por derecho propio. Esa es una tarea desafiante, porque influir es hacer que las personas piensen y actúen de manera diferente, pero convertirlos en campeones es alentarlos a liderar independientemente en la sostenibilidad. En esencia, una parte central de ser líder en sostenibilidad es inspirar a otras personas a canalizar el propio líder en sostenibilidad dentro de sí mismos, lo que requiere una transformación cultural.

Por último, el director de sostenibilidad y resiliencia del gobierno de una gran ciudad proporciona un ejemplo tangible de cómo puede ser la influencia:

En nuestra ciudad, trabajamos con el departamento de recursos humanos para desarrollar un nuevo programa de educación para empleados. En este programa, cada departamento y división tiene que nominar a un miembro del personal, y capacitamos a un total de treinta a cuarenta empleados nominados por la ciudad a través de un plan de estudios de nueve meses de educación sobre sostenibilidad. Una vez al mes, llevamos a este grupo de treinta a cuarenta personas y las sumergimos en uno de nuestros temas de sostenibilidad. A través de esto, estamos construyendo una cultura y estamos creando defensores en todos los departamentos de la ciudad.

Encontré que el ejemplo de este director es inspirador sobre cómo los líderes de sostenibilidad pueden transformar una cultura y promulgar cambios en los sistemas a través de la educación de otros.

PENSAR DE MANERA HOLÍSTICA

Uno de los desafíos de influenciar a otros es que exige una transformación en los sistemas existentes. Esta transformación es la razón por la que los líderes en sostenibilidad también son especialistas en la gestión del cambio: influyen para inspirar el cambio al interrumpir un sistema existente.

Un exoficial de sostenibilidad de una empresa multinacional habla de este desafío al afirmar:

> La mayor dificultad que tuve fue hacer que la gente pensara de manera más holística sobre los desafíos de la empresa. Cada uno de nosotros tiene su propia función de trabajo, y pensamos de manera bastante limitada en esa función y no tan claramente sobre cómo una función se relaciona con otra, que luego se relaciona con nuestros clientes, que luego se relaciona con el mercado. El trabajo que estaba haciendo era lograr que las personas dentro de la empresa reconocieran que todo eso debe tener una imagen más amplia, una visión más holística, y que necesitábamos pensar fuera de nuestras propias cajas sobre lo que significaba la sostenibilidad para nosotros como empresa.

La sostenibilidad es interdisciplinaria por naturaleza porque involucra muchas dimensiones complejas de la sociedad.

Ser un líder en sostenibilidad como pensador sistémico es también ser un líder como pensador holístico y tener una mente abierta. Inspirar en otros el deseo de convertirse en campeones y defensores de la sostenibilidad los alentará a pensar de manera más holística de lo que pudieran haber estado acostumbrados, y esto es un desafío. Pero esto es necesario si queremos que todos sean líderes en sostenibilidad por derecho propio para que podamos trabajar juntos en promover un futuro resiliente para las personas y el planeta.

FALTA DE RECURSOS

Otro tema que surgió de mis conversaciones fue que los líderes de sostenibilidad no siempre cuentan con los recursos suficientes para cumplir con éxito sus funciones. Algunos líderes de sostenibilidad dijeron que carecen de fondos para llevar a cabo proyectos que deben implementarse. Para otros, la falta de recursos suficientes significó la falta de personas contratadas con las habilidades para apoyarlos en sus funciones. Para influir verdaderamente en toda una organización, los líderes de sostenibilidad deben contar con los recursos y el apoyo adecuados. Su trabajo es tan crítico para la prosperidad presente y futura de la sociedad y el planeta que la falta de recursos no debería ser una barrera para el progreso.

Un fundador y director de la oficina de sostenibilidad de varias universidades prestigiosas analiza esto más a fondo en el contexto del sistema universitario:

Cada escuela tiene diferentes niveles en los cuales sus líderes de sostenibilidad se ubican dentro de su estructura organizacional. Creo que todos deberían ser de alto nivel y bien pagados, porque eso es parte de la propuesta de valorar. Si va a desempeñar un papel de sostenibilidad en las instalaciones solo en un puesto de nivel de entrada, no va a transformar una universidad.

Si realmente quiere transformar un sistema, necesita tener a alguien que esté en la mesa de decisiones y tenga influencia sobre todos, desde el cuerpo docente hasta los operadores y los administradores, para poder tener un impacto real y ver los múltiples aspectos del desafío que se presenta.

LIDERAR CON RESILIENCIA Y LA IMPORTANCIA DE LIDERAR EN COMUNIDAD

Debido a que la sostenibilidad es algo nuevo en muchas empresas, gobiernos locales y universidades, descubrí a través de mis entrevistas que, a menudo, los líderes de sostenibilidad no siempre tienen un sentido de pertenencia en su respectiva organización.

Un exvicepresidente de responsabilidad corporativa en varias empresas multinacionales analiza este sentimiento en nuestra conversación:

A menudo, como líder de sostenibilidad, eres un guerrero solitario. Muchas veces estás trayendo la sostenibilidad a una organización como un concepto extraño, y este trabajo solo sobrevive si puedes incorporarlo al negocio. Entonces, tienes que construir resiliencia. Es un trabajo muy, muy duro. Tienes que estar preparado para no aceptar un no como respuesta y descubrir diferentes vías y formas de entrar. La sostenibilidad es demasiado importante como para no luchar por ella y no defender tus convicciones y tus valores.

Los líderes en sostenibilidad son muy criticados y esto los puede desgastar con facilidad, especialmente si para empezar la organización donde están no es propicia para sus roles. Esto significa que, como resultado, los líderes en sostenibilidad construyen un sentido único de fortaleza y resiliencia a lo largo del tiempo al liderar en sus posiciones.

Un director en sostenibilidad con más de veintiún años en una empresa multinacional comenta uno de los retos de ser un líder en esta área:

> Una de las cosas de las que no me di cuenta es que, dentro de la empresa, se te considera «el abrazador de árboles». Aunque yo dirigía un negocio antes de asumir este cargo, como líder de sostenibilidad en la empresa, en realidad no se me consideraba una persona de negocios.

> Fuera de la empresa, particularmente las organizaciones no lucrativas, dirán: «Bueno, estás en los negocios, ¿verdad?» Así que no encajas en ningún lado. Esa es la razón por la que es muy bueno tener una red de socios con otras personas que cumplen el mismo rol en diferentes empresas.

Los líderes de sostenibilidad pueden carecer de un sentido de pertenencia tanto dentro como fuera de su organización. Este director de sostenibilidad destaca la importancia de asociarse con otros. Muchos de los líderes de sostenibilidad que entrevisté en los sectores público y privado mencionaron cómo les resultó útil y gratificante asociarse con otros líderes de sostenibilidad. A través de estas redes, los líderes de sostenibilidad pueden compartir ideas, mantenerse al día con el campo más amplio de la sostenibilidad, escuchar sobre el trabajo que otros líderes están implementando y estar en comunidad con personas que atraviesan los mismos desafíos que ellos enfrentan.

ELIMINARSE A UNO MISMO VERSUS EVOLUCIONAR EN SU ROL

El siguiente tema es el que más me sorprendió pero también me fascinó. Cuando les pregunté a los líderes de sostenibilidad qué forma esperaban que tomaran sus roles en el futuro, muchos de ellos dijeron que esperaban que el rol ya no existiera, porque el objetivo es eliminarse a uno mismo del trabajo. Después de escuchar esto, pensé: «¿Por qué alguien querría hacer eso?» Pero al reflexionar en sus explicaciones, creo que la idea es brillante.

Un exoficial de sostenibilidad de una gran ciudad y condado comparte su perspectiva:

> Cuando el alcalde me contrató, dijo: «Si te contrato, ¿cómo sabré que tendrás éxito?».
>
> Le respondí: «Lo sabrá porque va a eliminar mi oficina por las razones correctas. Mi visión es que nuestra oficina de sostenibilidad se cierre porque hemos impulsado la sostenibilidad tan profundamente en la cultura de este gobierno que ya no nos necesite».

La mayoría de las agencias gubernamentales o sin fines de lucro no piensan de esa manera; piensan en el crecimiento.

Esencialmente, la esperanza para el futuro de este oficial de sostenibilidad es un cambio de sistemas donde la sostenibilidad está tan profundamente arraigada en todos los aspectos de la sociedad que se convierte en una segunda naturaleza. Este es el cambio de paradigma hacia el que debemos avanzar. Imagine un mundo en el que los líderes en sostenibilidad trabajen tan diligentemente para integrarla en toda su organización, ciudad o universidad que ya no sea necesario un rol separado. La sostenibilidad se vuelve parte del rol de todos.

Otros líderes en sostenibilidad expresaron la idea de mantener el rol pero evolucionarlo con el tiempo en función de las nuevas necesidades y demandas. Un vicepresidente de una red ejecutiva de sostenibilidad comparte este sentimiento:

> Mi opinión es que sí, las cosas se integrarán, pero el trabajo de un oficial de sostenibilidad es siempre buscar nuevos desafíos. Por ejemplo, según los eventos del 2020, algunas empresas hoy en día buscan incorporar o infundir la sostenibilidad con iniciativas de diversidad e inclusión. Eso no es algo en lo que hubieras pensado hace diez años. Pero ahora, las empresas están viendo esa necesidad. Ya sea que se trate de una supervisión directa o simplemente de una influencia, lo ven como parte de su estrategia de sostenibilidad.

Este vicepresidente alude al punto importante de que la sostenibilidad está en constante evolución y, por lo tanto, los roles de liderazgo sostenible también deben adaptarse y evolucionar. De hecho, los líderes en sostenibilidad no deberían trabajar para quedarse sin trabajo, sino trabajar para conseguir un nuevo trabajo. Esto significa que deben tener una mayor conciencia de las necesidades sociales y organizacionales para garantizar que su trabajo lo refleje.

Cuando escuché la perspectiva de este vicepresidente, me gustó tanto como cuando escuché la idea de eliminarse uno mismo del trabajo. Ambas perspectivas son importantes y válidas.

Pero ¿cómo puede uno mismo a la vez eliminarse de un trabajo y tener un nuevo trabajo? A lo que se reducen estas perspectivas es a animar al individuo a ser consciente del sistema en el que se encuentra y a reflexionar sobre cómo sus roles pueden satisfacer mejor las necesidades de ese sistema en el presente y en el futuro.

Cualquiera que sea la forma en que un líder en sostenibilidad quiera verlo, cualquier perspectiva requerirá una transformación, y eso requiere mucho valor y persistencia. El enfoque debe estar en reflexionar en por qué los líderes en sostenibilidad hacen lo que hacen y cómo buscan tener un impacto a largo plazo que conduzca a la transformación.

Un director y fundador de la oficina de sostenibilidad en varias universidades prestigiosas comparte este pensamiento:

> Para mí, los líderes en sostenibilidad son pensadores únicos y tenemos una propuesta de valor. Yo contrato verdaderos pensadores de sistemas. Somos

especialistas multilingües que podemos trabajar
en todos los campos y trabajamos en diez áreas
de impacto. Se necesita gente como nosotros para
ver el sistema y cómo interactúa. Y luego se necesitan especialistas que conozcan su adquisición o
su energía o sus edificios o su transporte. Pero esas
personas solas seguirán trabajando de forma aislada, por lo que siempre se necesita una persona de
sostenibilidad para ver cómo interactúa el sistema
en su conjunto.

Este director destaca el hecho de que siempre se necesita un
líder en sostenibilidad como persona clave. Algunos de mis
entrevistados señalaron que si se eliminan sus funciones, el
imperativo de la sostenibilidad puede olvidarse o perderse en
el sistema. Tener un testaferro siempre puede ser necesario,
sin importar cuán avanzada pueda estar una empresa en
materia de sostenibilidad.

Las perspectivas de los líderes variarán según el sistema
o el contexto en el que se encuentre su función. Para una
empresa, podría ser mejor que el oficial de sostenibilidad
se quede sin trabajo al integrar profundamente la sostenibilidad dentro de la organización. En este caso, quizás,
el director general de la empresa o el alcalde de la ciudad
tome la iniciativa en temas de sostenibilidad. Para otra
empresa o ciudad, es posible que reconozcan que eliminar
un rol principal de sostenibilidad podría dejar los problemas de sostenibilidad en un segundo plano, por lo que
podrían decidir mantener y evolucionar el rol a medida
que surgen nuevos problemas de sostenibilidad junto con
los eventos actuales.

CREACIÓN DE SINERGIA ENTRE LOS CAMPOS DE DIVERSIDAD, EQUIDAD, E INCLUSIÓN Y SOSTENIBILIDAD

Los profesionales en sostenibilidad son cada vez más conscientes de que los temas de justicia, equidad, diversidad e inclusión no se excluyen mutuamente de la sostenibilidad. Hay un impulso para que la sostenibilidad sea más inclusiva e interseccional. Las organizaciones están respondiendo a esto de la manera que mejor satisface sus necesidades, ya sea mediante la evolución del rol de oficial de sostenibilidad al rol de oficial de inclusión y sostenibilidad, mediante el fortalecimiento de iniciativas que combaten la injusticia climática o mediante el aumento de la colaboración y las asociaciones entre el departamento de sostenibilidad de la organización y el departamento de justicia, equidad, diversidad e inclusión.

Me extenderé más sobre este tema en el siguiente capítulo.

ELEVAR LA SOSTENIBILIDAD A LA «SUITE C»

Elevar la sostenibilidad a la «Suite C» no fue un tema que surgió mientras realizaba mis entrevistas, pero de todos modos me intrigaba[21]. Quería saber si los líderes con los que hablé pensaban que la sostenibilidad es más efectiva a nivel ejecutivo o si no es necesario para implementar con éxito iniciativas de sostenibilidad en toda la entidad.

Un consultor de sostenibilidad de una organización de consultoría de sostenibilidad enfocada en el sector público explica:

---

21   En inglés se le llama «Suite C» al conjunto de posiciones de más alto nivel ejecutivo en una organización.

No es una coincidencia que cuando uno observa el panorama de empresas, ciudades, estados y gobiernos federales que están a la vanguardia en estos temas, hay un oficial de sostenibilidad con algún tipo de nombre en la «Suite C» como parte de las posiciones de liderazgo en esa organización. A menudo, cuando uno observa ciudades en las que faltan iniciativas de sostenibilidad, tiende a ser cuando hay una función de sostenibilidad que no está en la Suite C.

Una de las cosas que siempre les decimos a nuestros alcaldes que quieren enfocarse en la sostenibilidad es que necesitan elevar esa posición. Necesitan darle poder y autoridad real. Si la persona en el puesto está sentada en la oficina del alcalde y puede salir y hablar genuinamente por el alcalde sobre estos temas, obtendrá mucha más tracción que si es el gerente de programas de sostenibilidad sentado en el departamento de construcción o el departamento de parques de la ciudad, por ejemplo.

Es lo mismo en una empresa. Cuando un oficial de sostenibilidad es una de las diez personas que reportan al director ejecutivo, puede generar impacto y trabajar con sus aliados para darle forma al negocio general en una dirección diferente. Pero si están enterrados tres niveles más abajo en un rol de responsabilidad social corporativa, por ejemplo, les va a resultar mucho más difícil tener ese tipo de impacto.

Este consultor de sostenibilidad comunicó efectivamente el valor de tener roles de sostenibilidad en la Suite C. Hay poder en los títulos, incluida la capacidad de ganar credibilidad y aumentar el nivel de confianza que las partes interesadas lleguen a tener en un líder de sostenibilidad.

EN EL CENTRO

En resumen y a manera de reflexión, me gustaría terminar mis observaciones e ideas con este punto, dado por un exvicepresidente de responsabilidad social corporativa y sostenibilidad en una cadena global de comida rápida:

> El papel del oficial de sostenibilidad es un papel de servidor humilde. Probablemente siempre haya necesidad de tenerlo. Este rol debe ser llenado por una persona influyente dentro de la empresa que esté bajo el radar. No se trata solo del oficial de sostenibilidad, y no se trata solo del departamento de sostenibilidad, porque esto divide la sostenibilidad en silos. La sostenibilidad es holística. Necesita correr por toda la empresa. Por lo tanto, creo que el papel debe ser humilde y que funcione tras bambalinas.

En esencia, como menciona este exvicepresidente, no se trata del título, del rol o la reputación ganada a base de logros. Se trata de promover el bien común y sostener el futuro de las personas y del planeta. La verdadera señal de que un líder de sostenibilidad es eficaz es que se convierta en un humilde servidor de quienes lo rodean.

CAPÍTULO 6

¿DE QUIÉN ES EL MEDIO AMBIENTE?

—

La historia del ambientalismo estadounidense generalmente se limita a la perspectiva del activismo ambiental masculino de clase media blanca. La tendencia a ver todo el activismo ambiental a través de esta lente limita nuestra comprensión de cómo las relaciones de clase, raza y género estructuraron las experiencias y respuestas ambientales a lo largo del tiempo [. . .]. El movimiento ecologista es un poderoso movimiento social; sin embargo, enfrenta muchos desafíos. Entre los más urgentes se encuentra la necesidad de desarrollar una agenda ambiental más inclusiva, culturalmente sensible y de amplia base que atraiga a muchas personas y una a muchos sectores del movimiento. Para hacer esto, el movimiento debe reevaluar su relación con la industria y el gobierno, reevaluar su rol y misión, y desarrollar estrategias para comprender y mejorar las relaciones de raza, clase y género.

—DORCETA TAYLOR

EL AÑO 2020

Me iba de Nigeria, sintiéndome renovada y reflexiva después de aprender más sobre mi herencia, con nuevas trenzas senegalesas y sintiéndome satisfecha con el arroz *jollof* y el plátano frito que acababa de comer. Me senté en el avión esperando pacientemente el despegue.

Una fila más allá, un hombre blanco se puso de pie y maldijo:

«¡Todos ustedes son animales! Todos ustedes yoruba, ustedes igbo. . . ¡ustedes son animales!» Lo gritó alto y claro a todo el avión.

Antes de esto, me sentía nostálgica y agradecida de haber estado rodeada de la lengua y la cultura yoruba todos los días. Esta era apenas la segunda vez que visitaba Nigeria, y estaba muy agradecida de haber experimentado un vistazo de la educación de mi padre. Estos sentimientos y experiencias edificantes disminuyeron tan pronto como escuché a este hombre llamarme a mí y a todos los demás nigerianos en el avión «animales».

Esta persona decidió que todos éramos menos que humanos. Inmediatamente pensé: «¿Por qué vino a Nigeria si cree que somos animales?»; pero me detuve, ya que no podía soportar pensar en la respuesta. Pero seguí preguntándome.

Mientras pausaba mis pensamientos, una azafata cercana, que era una mujer blanca, caminó hacia el hombre y le dijo: «Vamos a tener que escoltarlo fuera del avión».

Cuando el hombre dijo: «¿Por qué? ¡Yo no hice nada!»

La azafata le dijo: «Está usando malas palabras».

En ese momento, me senté pensativa en mi asiento, tratando de entender lo que acababa de pasar, preguntándome si era real.

Cuando me di cuenta de que ciertamente acababa de escuchar esas cosas horribles, sentí una mezcla de ira, frustración y derrota. Por un lado, este hombre claramente pensó que era superior a los nigerianos y tuvo el descaro de llamarnos subhumanos. A esta persona no le importaba que un rey estuviera en el vuelo; para él, todos éramos animales.

Aunque al final me alegré de que la azafata lo escoltara fuera del avión, algo todavía no se sentía bien. Cuando la azafata se acercó inicialmente al hombre, gané un rayo de esperanza de que tal vez ella diría algo de su actitud en contra de la raza negra y lo escoltaría fuera del avión principalmente por esa razón, además de su lenguaje cruel. Pero mi esperanza quedó atónita. Ya sea que ella haya estado de acuerdo o no en que lo que él dijo era racista, no se atrevió a decirlo.

¿Por qué?

Y ahora el hombre pensaba que fue escoltado fuera del avión únicamente por maldecir. Es posible que nunca se diera cuenta de que su declaración contra los negros era inaceptable, y ahora podría seguir diciendo declaraciones como esa sin ninguna repercusión porque no había sido corregido en este caso.

Este es uno de los innumerables ejemplos de cómo los sistemas siguen siendo injustos. Así persisten desequilibrios de poder insalubres e inseguros. El cambio real no ocurre por sí solo. Las protestas mundiales en solidaridad por las vidas de los negros a lo largo del 2020 se llevaron a cabo para crear cambios incluso en las interacciones más pequeñas. Identificar el racismo es una cosa, pero llamarlo directamente (o denunciarlo) y corregirlo cuando surja la oportunidad perfecta, es otra.

En ese momento, me sentí sin esperanza. Sin esperanza porque, aunque no conocí a muchas personas en mi vida que dirían algo como lo que dijo el hombre en el avión, sabía que, sinceramente, muchas personas que conozco y valoro serían como la azafata, justificándose por haber dicho o hecho lo mínimo, pero pasando de puntillas alrededor del problema real y sin contar con la larga, devastadora e injusta historia en contra de la raza negra frente a sus ojos. Y ese pensamiento era aterrador.

¿Cuándo llegará el cambio? ¿Estamos realmente juntos en esto?

Cuando me gradué de la universidad, me gradué como la primera mujer negra en obtener una licenciatura en ciencias ambientales en mi universidad. No sabía que cuando me comprometí con la ciencia ambiental y la sostenibilidad, también me comprometí a estar constantemente en espacios donde yo era la única persona negra o una de las pocas personas negras en la sala o el departamento en general. Quería comprender más profundamente por qué sucedía esto, y pensar sistémicamente fue la única forma que me brindó orientación sobre el asunto. Durante mi breve tiempo en el campo de la sostenibilidad, se me ocurrió que cuando las personas veían, pensaban o escuchaban el término «sostenibilidad», la atención se centraba principalmente en el medio ambiente y el aspecto social se borraba o se veía como un tema aparte.

Un exgerente de sostenibilidad de una empresa global de pisos comerciales explica:

> Una cosa con la que lucho es el hecho de que conozco a muchos profesionales de la sostenibilidad que se emocionan hasta las lágrimas al evaluar la falta de circularidad y el aumento de los desechos en los vertederos. Se evoca la ira al hablar de asuntos ambientales, pero cuando vemos a nuestros hermanos y hermanas negros asesinados en las calles y discriminados continuamente, hay silencio. Eso me molesta porque aunque la sostenibilidad tiene principalmente un enfoque ambiental, hay personas en el medio ambiente.
>
> Creo que los profesionales de la sostenibilidad deberían tomar esa misma energía, esa misma pasión e invertirla en la justicia social, la justicia ambiental y la justicia climática.

Sentí lo mismo que describió este gerente de sostenibilidad. A menudo me preguntaba por qué hay una brecha tan notable en un campo tan apasionante. Nuestro trabajo de sostenibilidad está aislado, al menos en gran parte. Solo analiza una pieza del rompecabezas, negando el hecho de que no podemos realmente alcanzar un mundo sostenible y resiliente hasta que todos sientan que las generaciones actuales y futuras están protegidas y bien posicionadas para prosperar.

Todavía queda trabajo por hacer más allá del aspecto ambiental de la sostenibilidad. No podemos reclamar de manera justa sostenibilidad o resiliencia si las personas se quedan atrás. Una forma de evitar dejar atrás a las personas es asegurarse de los que se quedan atrás tengan voz en la creación de soluciones y en la toma de decisiones a medida que avanzamos hacia un futuro sostenible. Desde mi experiencia, esto tampoco está sucediendo.

Como mujer negra, a lo largo de mi tiempo en los campos profesionales ambientales y de sostenibilidad, a menudo escucho el sentimiento de que las personas negras no están presentes porque no están tan interesadas o apasionadas por el medio ambiente, o porque no están solicitando puestos de trabajo o programas de grado en los que se centrarían en el medio ambiente.

A menudo escucho declaraciones muy parecidas a las del erudito ecológico Stephen Kellert en *El valor de la vida: la diversidad biológica y la sociedad humana*[22]. Él plantea:

> Varios estudios sugieren que los afroamericanos muestran mucho menos interés, preocupación y conocimiento que los europeos americanos por la naturaleza y la diversidad [biológica] viva [. . .]. De hecho, las diferencias étnicas pueden constituir un talón de Aquiles del movimiento de conservación, especialmente obstaculizando su capacidad para presentar un caso convincente para proteger los recursos naturales en disminución y redescubrir la dependencia humana

---

22 Original en inglés: *The Value of Life: Biological Diversity and Human Society*.

emocional e intelectual de la naturaleza y la diversidad [biológica] viva. Hasta que todos los grupos étnicos crean que las posibilidades de llevar una vida más rica y gratificante dependen de una biota saludable, diversa y abundante, es posible que este país no pueda obtener el compromiso necesario para detener la actual destrucción masiva de la vida en la tierra.

Las declaraciones de Kellert insinúan que los negros son, al menos en parte, los culpables de la regresión del movimiento ambientalista. No creo que su punto de vista sea propicio para el progreso.

Otros, como Kellert, atribuyen el problema a los negros al decir que no tienen interés en el medio ambiente o que prefieren mantenerse alejados de él.

Pero este argumento carece de autorreflexión. En lugar de mirar hacia adentro, la visión que presenta Kellert incita a culpar e inculca la división y la otredad. Este punto de vista carece de reconocimiento de la marginación, los sistemas opresivos y la supremacía blanca. Si el argumento fuera visto a través de esta lente que reconoce la historia y los sistemas injustos, entonces tal vez un «compromiso necesario para detener la destrucción masiva universal», como dijo Kellert, sería nuestra realidad actual.

Mirando este tema a través de una lente opuesta a la de Kellert, en «Recursos afroamericanos para una teología de liberación más inclusiva[23]», Theodore Walker Jr. escribe:

---

23 Original en inglés: «African American Resources for a More Inclusive Liberation Theology».

En un momento de la historia legal de los Estados Unidos, una [persona] negra se contaba como «tres quintas partes de un [humano]». Desde la perspectiva [de una persona negra], muchos llamados de personas blancas para extender el rango de preocupación moral para considerar el bienestar de las plantas y los animales son moralmente sospechosos debido a que no incluyen la consideración adecuada por el bienestar de [gente] negra y [gente de color]. Cuando aquellos que valoran menos la vida de los humanos negros de lo que valoran la vida de los elefantes y [. . .] los humanos blancos nos piden que nos unamos a ellos para expresar su nueva preocupación por el bienestar de los animales, no estamos demasiado ansiosos por unirnos a ellos [. . .]. Con demasiada frecuencia, lo que se ve como una preocupación más amplia que incluye el medio ambiente es, de hecho, una preocupación racialmente manipulada por los blancos que se extiende para incluir plantas y animales mientras continúa excluyendo a las personas negras y [las personas de color]. Estas dificultades aún deben superarse, y deben superarse si los ambientalistas blancos y los activistas por los derechos de los animales esperan recibir el apoyo de los negros y [las personas de color].

Walker explica que el movimiento ecologista, que históricamente se ha centrado en el lente de la mayoría, tiene fallas. Se ha dado cuenta de la exclusión y la devaluación de los negros, ya que busca priorizar las necesidades del medio ambiente sin preocuparse por quienes lo habitan. Estoy de acuerdo con su referencia de que los negros todavía son vistos como menos que humanos en este escenario, ya que me llamaron menos que humano en el avión en Nigeria.

¿Cómo podemos avanzar en la protección del planeta y de sus generaciones actuales y futuras si seguimos dando pasos hacia atrás? No hay nada sostenible o resiliente en ver a los humanos como inferiores. Esto no conduce al florecimiento y la prosperidad a largo plazo.

Al igual que las declaraciones de Walker, el artículo de Ayana Johnson «Soy una negra experta en clima. El racismo descarrila nuestros esfuerzos para salvar el planeta[24]» analiza este tema:

> No se habla lo suficiente de la intersección de la raza y el clima: los estadounidenses negros que ya están comprometidos a trabajar en soluciones climáticas aún tienen que vivir en Estados Unidos, brutalizados por las instituciones del estado, constantemente golpeados con imágenes, palabras y acciones, mostrándonos cuántos de nuestros conciudadanos, de hecho, no creen que las vidas de los negros importen. El trabajo climático de por sí ya es duro y desgarrador. Muchas personas no sienten la urgencia o se resisten al costo inicial de la transición de nuestra infraestructura energética, sin considerar el costo de la falta de acción. Muchos no logran comprender cuán dependiente es la humanidad de los ecosistemas intactos. Cuando arrojas racismo e intolerancia a

---

24 Original en inglés: «I'm a Black Climate Expert. Racism Derails Our Efforts to Save the Planet».

la mezcla, se convierte en algo casi imposible [. . .].
Si queremos abordar con éxito el cambio climático,
necesitamos personas de color. No solo porque buscar
la diversidad es algo bueno, y ni siquiera porque la
diversidad conduce a una mejor toma de decisiones
y estrategias más efectivas, sino porque los negros
están significativamente más preocupados por el
cambio climático que los blancos (57 por ciento frente
a 49 por ciento), y las personas latinas están aún
más preocupadas (70 por ciento). Para poner eso en
perspectiva, significa que más de veintitrés millones
de estadounidenses negros ya se preocupan profundamente por el medio ambiente y podrían hacer una
gran contribución a la enorme cantidad de trabajo
climático que se necesita hacer.

Estoy de acuerdo con el artículo de Johnson, y creo que describe con precisión cómo se ve todo, desde mi experiencia
como mujer negra y profesional en sostenibilidad. Por un lado,
existe una constante carga convertida en responsabilidad por
la acción climática. Deseamos actuar de la manera más rápida
y eficiente posible para ser parte de la solución para que menos
personas resulten heridas y menos del planeta se dañe en el
proceso a medida que empeora el cambio climático. Pero por
ese mismo lado, es difícil soportar constantemente la peor
parte de la opresión sistémica y enfrentar constantemente el
rechazo a la raza negra en cualquier lugar y en todas partes.
Esas son dos cosas difíciles de enfrentar para una persona.

Otro aspecto del problema es que, cuando los negros han sido
líderes en sostenibilidad y cambio climático, somos borrados,
literalmente. La activista climática ugandesa Vanessa Nakate

fue borrada por un «periodista» en una foto donde estaba junto a activistas climáticos blancos como Greta Thunberg, en el 2020. Cuando se dieron a conocer noticias importantes sobre este incidente y la gente de todo el mundo estaba sorprendida de que un fotógrafo hiciera tal cosa, yo no estaba sorprendida. Algo similar me había pasado antes. Demasiados son silenciados a propósito, y así ha sido a lo largo de la historia.

Un defensor de la justicia ambiental me mencionó en una entrevista un adagio comúnmente conocido: «Si no estamos en la mesa, entonces estamos en el menú». Cuando a las personas no se les da el espacio para prosperar y ser parte de la solución, entonces son propensas a ser invadidas, oprimidas y excluidas por el sistema como siempre lo ha sido.

A muchas personas les gusta decir que el sistema en el que vivimos está roto, pero el sistema no está roto. Fue construido para favorecer a algunas personas a expensas de otras personas. El sistema está funcionando según lo previsto. Es por eso que se necesita un cambio sistémico si queremos ser verdaderamente inclusivos, equitativos y justos.

LA CONVERGENCIA DE LOS MUNDOS SOCIAL Y NATURAL

Al pensar en el medio ambiente, debemos reconocer que los desequilibrios de poder y los sistemas injustos impregnan lo social y lo ecológico. En su presentación «Belleza y carga: un remix de la ecociudadanía negra[25]», Kimberly Ruffin resume

---

25　Original en inglés: «Beauty and Burden: A Black Eco-Citizenship Remix».

esto diciendo: «Tanto el mundo natural como el social median simultáneamente nuestra experiencia ecológica». Cuando me imagino que estoy en la naturaleza, no solo pienso en existir allí. Pienso más allá de mi pura existencia para considerar el lente a través del cual soy vista como una persona negra y como una mujer. Debo llevar las construcciones que el mundo social me impone mientras existo en el mundo natural, y esto puede crear en mí un amor y comodidad por la naturaleza o provocar un sentimiento de exclusión y peligro potencial. Esto es algo para tener en cuenta al pensar en el medio ambiente como un espacio físico y cómo las personas se asocian con él o lo experimentan. El medio ambiente es una relación simbiótica de los mundos natural y social. Así como existe el mundo natural, también existe el mundo social, y todo el dolor y la alegría que conlleva.

Kimberly Ruffin llama a la tensión entre la exclusión ecológica y el amor por la naturaleza: «la paradoja de la belleza y la carga». En su libro *Negros en la Tierra: tradiciones ecoliterarias afroamericanas*[26], afirma: «Los incidentes de otredad ambiental ejemplifican la mitad de lo que yo llamo una paradoja ecológica para los afroamericanos. Defino esto como una "paradoja ecológica de carga y belleza" que señala la influencia dinámica del orden natural y social en la experiencia y perspectiva afroamericana. Por ejemplo, se coloca una carga ecológica sobre aquellos que son racializados negativamente, y [. . .] simultáneamente, la experiencia de la belleza ecológica resulta de actitudes individuales y colectivas hacia la naturaleza que socavan la experiencia del racismo y sus males relacionados».

---

26 Original en inglés: «*Black on Earth: African American Ecoliterary Traditions*».

RECONOCIENDO EL PRIVILEGIO EN LA PROFESIÓN DE LA SOSTENIBILIDAD

Pregunté a muchos de los líderes de sostenibilidad que entrevisté qué los inspiró a dedicar sus carreras a la sostenibilidad. Muchos de ellos dijeron que tener la oportunidad de pasar tiempo en la naturaleza cuando eran niños afectó su deseo de seguir este campo profesional. Esto tenía sentido para mí porque la proximidad a la naturaleza es fundamental para crear una cosmovisión ecológica que impulse a las personas a ser líderes de sostenibilidad efectivos y apasionados. Pero hay que considerar que crecer expuesto a la naturaleza es un privilegio.

Cuando entrevisté a una especialista en sostenibilidad de una empresa global de tecnología de audio, ella compartió sus pensamientos sobre esto:

> Cuando era niña, mis padres no me dejaban salir porque pensaban que era demasiado peligroso, y yo realmente no entendía eso a esa edad. Pero a medida que crecí y comencé a aprender sobre el racismo ambiental y cómo la contaminación afecta más a las personas negras y morenas, volví a mi infancia y pensé en cómo en la comunidad predominantemente latina y negra en la que crecí, no tenía naturaleza disponible para mí o mi vecindario en absoluto. La naturaleza era completamente inaccesible para mí.

Si una relación con la naturaleza es una parte común de lo que motiva a los líderes de la sostenibilidad, entonces debe haber un acceso más equitativo a la naturaleza para que todos tengan la oportunidad de pasar ese tiempo en ella, si así lo desean, y desarrollar una pasión por el entorno que podría inspirarlos a convertirla en impacto.

El ejemplo del especialista en sostenibilidad también se presta a una discusión sobre la ecogentrificación y cómo las ciudades intentan crear más «espacios verdes» para que las personas en esas ciudades tengan un acceso más conveniente a la naturaleza. Lo que a menudo termina sucediendo es que es más caro vivir cerca de estos nuevos espacios verdes, y eso empuja o desplaza a las comunidades de bajos ingresos y/o comunidades predominantemente negras y morenas. Si vamos a tratar de crear activamente más acceso a la naturaleza, debemos hacerlo de manera consciente y equitativa para que no estemos actuando en paradoja.

Además, hablé con un consultor sénior de sostenibilidad en una firma consultora de sostenibilidad acerca de por qué la sostenibilidad es un campo profesional privilegiado:

> Es un campo más nuevo, por lo que carece de estabilidad, una trayectoria profesional definitiva y, por lo general, no es una carrera lucrativa. Desde mi perspectiva como inmigrante de primera generación, la estabilidad y el éxito financiero son increíblemente importantes en términos de lo que las familias inmigrantes alientan a sus hijos a hacer para establecerse en este país. Hay una razón por la que la mayoría de los hijos de primera generación se dedican a la ingeniería y la medicina. Hacen esto para tener trayectorias profesionales estables. Creo que es bueno reconocer que nuestra capacidad de elegir trabajar en sostenibilidad proviene de un lugar privilegiado. Es

nuestra responsabilidad, no la de nadie más, aumentar la visibilidad y accesibilidad de esta trayectoria profesional.

Como profesional emergente en el campo de la carrera ambiental, un defensor de la justicia ambiental agrega lo siguiente a la declaración del consultor sénior de sostenibilidad:

Vemos la inaccesibilidad en tantos campos profesionales diferentes de la misma manera que ocurre en el sector ambiental, a través del «techo verde». Dorceta Taylor explica el techo verde como «el techo que mantiene a las personas de color entre el doce y el quince por ciento de la demografía del personal en el sector medioambiental». La primera barrera es esta tubería por la que todos parecen tener que pasar para ingresar al campo de la carrera ambiental. Esa tubería es muy, muy estrecha.

Para muchas personas, especialmente las personas de primera generación o las personas de color o ambas, no tiene mucho sentido para nosotros —si no tenemos mucha riqueza generacional— seguir un campo profesional que toma tanto tiempo para generar monetariamente. Pero esa es la realidad de muchos trabajos ambientales de nivel de entrada.

A menudo, la gente dice: «Vamos a hacer que la tubería de reclutamiento para ingresar a este campo profesional tenga un pequeño porcentaje de personas de color para que podamos aumentar el porcentaje general», lo que no elimina los límites en absoluto, solo crea nuevos límites. Y creo que debemos dejar de crear este binario de quién puede y quién no puede ser un líder ambiental, porque seguirá aislando a las personas por la renovación de la tubería, cuando la tubería ni siquiera debería existir.

Además, como profesionales de la sostenibilidad, proyectamos un aura particular y nos representamos de cierta manera ante personas ajenas a nuestro campo profesional. Hablé con el cofundador de una firma de consultoría de sostenibilidad sobre esto, y me dio el ejemplo de una vez que ella y su colega iban a organizar un panel sobre antirracismo para profesionales de la sostenibilidad. Invitaron a una trabajadora sin fines de lucro a hablar para promover la equidad ambiental y la justicia socioeconómica.

La persona respondió de una manera que el cofundador no anticipó:

> Realmente nos interrogó sobre este evento y si quería o no ser parte de él. Su principal reacción fue: «No me siento como una profesional de la sostenibilidad. No siento que lo que hago encaje en este espacio».

> Creo que eso es parte del problema con la profesión de la sostenibilidad. La gente la ve solo como una profesión ambiental corporativa, no como lo que ella está haciendo en su organización sin fines de lucro.

> Pero lo que ella está haciendo es mucho de lo que debería ser la sostenibilidad. Ella está mirando la gestión de la energía desde una perspectiva de equidad.

Ese es el objetivo, y el hecho de que ella misma no se identifique como profesional de la sostenibilidad es el meollo del problema. Cuando dijo eso, realmente me llamó la atención porque estaba pensando: «No, eres exactamente como debería ser la sostenibilidad».

El cambio climático seguirá afectando más a las comunidades más vulnerables, y, ¿cómo estamos construyendo un futuro que funcione para esas comunidades?

Estas últimas tres conversaciones de entrevista arrojan luz sobre otras barreras de entrada para personas de bajos ingresos y/o personas de color en el sector ambiental. Los trabajos en el sector de la sostenibilidad y el medio ambiente a menudo no son los más lucrativos. Esto puede afectar directamente la capacidad de alguien para trabajar en este campo profesional si proviene de un entorno de bajos ingresos, de un entorno inmigrante o incluso de cualquier persona que pueda tener una gran cantidad de préstamos o deudas financieras. Si quieren plantar raíces financieramente estables, el medio ambiente, los campos profesionales relacionados con la sostenibilidad o el clima no siempre son tan atractivos o realistas si estos trabajos no están a la altura de la presión financiera o las necesidades financieras que las personas puedan tener.

Como mencioné en el último capítulo, incluso los líderes de sostenibilidad en los puestos más altos hoy en día dicen que sus funciones o sus departamentos carecen de los fondos adecuados o no están siendo bien pagados. ¿Cómo podemos esperar que las personas acepten un trabajo en este campo si no se puede tener seguridad financiera?

Como dijo el defensor de la justicia ambiental, a menudo se espera que los trabajos de sostenibilidad los ocupe alguien con muchos años de experiencia o alguien que pueda ofrecer algún tipo de conjunto de habilidades altamente técnicas. Esto crea una cartera de oportunidades estrecha que limita la accesibilidad del campo profesional. Además, las redes de profesionales de la sostenibilidad no están generando solidaridad con las comunidades de color y/o las comunidades de bajos ingresos, lo que dificulta ofrecer apoyo a quienes intentan pasar por estos conductos. Los conductos no deberían existir si queremos hacer un cambio genuino y realmente construir un sector sostenible equitativo, inclusivo y diverso.

Además, nosotros, como profesionales de la sostenibilidad, no debemos presentarnos como un campo profesional esotérico del que solo puede formar parte un cierto tipo de personas que realiza un tipo específico de trabajo. Pero esta es la forma en que nos vemos actualmente para mucha gente. El campo de la sostenibilidad nos necesita a todos para crear soluciones innovadoras e inclusivas, y debemos hacer que nuestro campo profesional sea lo suficientemente atractivo y nuestro trabajo activamente equitativo para que todos puedan verse haciéndolo también.

Cuando se trata de reclutar, la responsabilidad recae en las personas que ya están en estos trabajos de sostenibilidad para abrir las puertas a las comunidades que estamos tratando de reclutar. La profesión ambiental debe reflejar a las comunidades que su trabajo busca impactar.

En todo el mundo, las comunidades vulnerables, con escasos recursos y marginadas son las que corren mayor riesgo por los efectos del cambio climático. Si en nuestro trabajo de sostenibilidad y clima nos imaginamos a quién estamos tratando de proteger y luego nos detenemos a mirar a nuestros equipos, nuestras oficinas, nuestras aulas, ¿cómo coinciden? ¿Cómo es que las personas de las comunidades que estamos trabajando para proteger no tienen la oportunidad de estar representadas entre nosotros? ¿Cómo podemos garantizar de manera justa que nuestras soluciones sean efectivas o que resuelvan lo que creemos que son si no escuchamos a las personas de esas comunidades? Cabe destacar, sin embargo, que a medida que buscamos lograr este objetivo en la profesión de la sostenibilidad, también debemos implementar sistemas justos y equitativos para retener y promover el florecimiento a largo plazo en todas nuestras organizaciones.

Un oficial de sostenibilidad y resiliencia de una gran ciudad habla sobre su experiencia trabajando para hacer que la sostenibilidad funcione de manera más equitativa y justa:

> No sé cuán cómodo me siento como funcionario del gobierno local, o como funcionario del gobierno, afirmando que todo el trabajo que hago es en realidad trabajo de justicia. Por ejemplo, no quiero afirmar que debido a que estamos haciendo un estudio de la calidad del aire en un vecindario residencial de bajos ingresos predominantemente negro, de alguna manera es justicia. Si esa comunidad quiere decir que lo es, entonces genial.

> Pero no creo que sea mi lugar como empleado del gobierno afirmar que estamos haciendo un trabajo de justicia porque hemos infligido tanto trauma histórico y continuamos infligiendo injusticias a las personas.

Dicho esto, creo que la gente está empezando a hablar sobre las diferencias entre el racismo estructural, el racismo institucional, la justicia ambiental, la equidad racial y la equidad social, en lugar de pensar solo en las comunidades negras y latinas desde un punto de vista de diversidad o inclusión. Creo que los resultados aún están por verse con algunos de nuestros proyectos. Pero creo que ahora tenemos mucho más claro qué es un proyecto y qué no es un proyecto, cómo estamos incluyendo a las personas en el proceso y cuáles son esas expectativas.

No podemos decir que hemos actuado de manera justa, equitativa o sostenible hasta que sea justo, equitativo y sostenible a los ojos de aquellos que están y han sido sistemáticamente marginados y oprimidos en las comunidades que decimos que estamos tratando de proteger. Si no es así, entonces no hemos hecho el trabajo. Creo que la mejor manera de hacer bien el trabajo es incluirlos en la solución. Un grupo de personas no puede salvar todo el planeta solo. Todos vivimos en este planeta, y todos tenemos vínculos únicos con la tierra y las comunidades en las que vivimos, por lo que una agenda de sostenibilidad exitosa nos llevaría a todos a trabajar juntos.

El riesgo de perpetuar aún más los problemas sistémicos que buscamos impactar es alto. Como líderes en sostenibilidad, tenemos la responsabilidad de tener una mayor conciencia de las necesidades de la sociedad para garantizar que nuestro trabajo lo refleje.

Un gerente de sostenibilidad de una empresa empacadora habla sobre el cambio de sistemas necesario para que la profesión de sostenibilidad sea más inclusiva y equitativa:

Creo que realmente tenemos que dar un paso atrás y decir que ser negro o ser mujer o ser una persona trans no es una barrera. Las barreras son los sistemas que ponemos en marcha. El racismo es la barrera y la supremacía blanca es la barrera, la homofobia es la barrera, el patriarcado es una barrera; no es la persona o sus identidades lo que les impide hacer algo, es realmente el sistema que todos estos años de historia y las personas y las políticas han puesto en marcha.

Si consideramos que la mujer no es la barrera, pero el sexismo lo es, entonces podemos pensar en cambiar las políticas y cambiar a las personas para que sean menos sexistas o patriarcales. Tenemos que mirar mucho más allá de las personas involucradas y realmente mirar los sistemas y las políticas.

CAPÍTULO 7

ESPERANZA PARA EL FUTURO

¿Qué significaría replantear el medio ambiente como libertad?
— MALINI RANGANATHAN

OTOÑO DEL 2018

Mientras escuchaba historias de varias comunidades indígenas en la región de San Martín, Perú, vi cómo la destrucción de la naturaleza era también la destrucción de sistemas y personas. La deforestación fue un tema recurrente a lo largo de mi tiempo en la Amazonía peruana, y me frustré al enterarme de cómo la demanda mundial de aceite de palma estaba dañando la tierra y las comunidades que había llegado a conocer. Fue difícil para mí ver esperanza, pero admiré a las personas de estas comunidades por su notable resiliencia.

Hacia el final de mi tiempo en San Martín, visité una comunidad indígena llamada Shapajilla. Aquí, encontré esperanza de una manera inesperada. En lugar de la típica narrativa de *de*forestación que había escuchado en otras comunidades, hubo *re*forestación en esta comunidad.

Para mí, el acto de reforestación en esta comunidad se sintió regenerador y restaurador tanto para la naturaleza como para las personas. Podía sentir la alegría en esta comunidad mientras el sol besaba los árboles que se extendían por millas. Un hermoso y rústico puente era la entrada a la comunidad, la cual estaba rodeada de cerros, mariposas, flores y árboles reforestados. Los niños jugaban por todo el pueblo mientras las madres hablaban sobre su próxima idea de negocio. La gente de esta comunidad se centró en la prosperidad holística y el florecimiento de las generaciones actuales y futuras. La comunidad estaba llena de vida.

La reforestación en esta comunidad sembró esperanza.

La alegría en Shapajilla fue liberadora. La presencia de la naturaleza, en lugar de la destrucción, proporcionó una sensación de libertad y realización. En «El medio ambiente como libertad: una replanteación decolonial[27]», Malini Ranganathan afirma que son «las amenazas al agua, el aire, los alimentos, la tierra, las escuelas y los hogares las que restringen nuestro potencial individual y colectivo [. . .]. Cuando la tierra en la que [nosotros] sembramos no está inundada de productos químicos, [somos] libres. Cuando las tormentas extremas no destruyen la única casa que [nosotros] poseeremos, [somos] libres».

---

27 Original en inglés: «The Environment as Freedom: A Decolonial Reimagining».

La protección, el mantenimiento y la regeneración de la naturaleza respaldan la prosperidad de las personas que la habitan. Los líderes en sostenibilidad buscan proteger el futuro del planeta y su gente. Son colaboradores, innovadores y pensadores sistémicos.

Quería escribir este libro para sacar a la luz lo que hacen los líderes de la sostenibilidad y cómo están desempeñando un papel fundamental en el avance de un futuro resiliente. Pero los líderes en sostenibilidad no pueden hacer esto solos. Todos debemos esforzarnos por crear un futuro sostenible para todas las personas y el planeta. Para crear ese tipo de futuro justo y equitativo, podemos trabajar juntos para pensar de manera sistémica, colaborar, innovar y ser líderes en sostenibilidad por derecho propio.

Hay un dicho famoso de Lilla Watson: «Si has venido aquí para ayudarme, estás perdiendo el tiempo, pero si has venido porque tu liberación está ligada a la mía, entonces trabajemos juntos». Si podemos ver que la protección de la naturaleza y el desarraigo de los sistemas de poder opresor crean un camino hacia la libertad para nosotros, aquellos a quienes amamos y la tierra a la que estamos conectados, todos seremos capaces de unirnos y canalizar nuestro propio liderazgo en sostenibilidad para promover un futuro sostenible y resiliente.

RECONOCIMIENTOS

Mi más sincero agradecimiento a mi familia y amigos por su apoyo a lo largo de mi camino como escritora. Trabajar en este libro significó estar más ausente que de costumbre en la vida de los seres queridos. Gracias por ser un oído atento cuando enfrenté desafíos a lo largo del proceso. Gracias por su lealtad, su amabilidad, su paciencia y su inquebrantable aliento. Un agradecimiento especial a mi padre, Samson Bamimore, por ser mi roca, mi guía y mi héroe.

Quisiera expresar mi gratitud a las personas que entrevisté para este libro. Sin ustedes, no habría libro. Cada una de sus historias es un testimonio de su resiliencia, su brillantez, su pasión y su capacidad para liderar con autenticidad. Junto con los entrevistados que optaron por permanecer en el anonimato, gracias a las siguientes personas por brindarme amablemente su tiempo, brindar su experiencia y confiarme sus historias:

Aaron Schreiber-Stainthorp

Aly Khalifa

Anna Leong

Bill Weihl

Bob Langert

Bob Willard

Caroline Savage

Cecily Joseph

Cheri Chastain

Chris Castro

Cynthia Klein-Banai

Cyrus Wadia

Daniel Zarrilli

Dave Stangis

Dawn Rittenhouse

Dean Kubani

Debbie Raphael

Desiree Williams-Rajee

Elizabeth Doty

Elizabeth Sawin

Gil Friend

Hana Creger

Heather Clancy

Hunter Lovins

Jake Elder

Jane Weber

Jennifer McCracken

Jerome Tinianow

Jerry Lynch

John Davies

John Elkington

Julian Agyeman

Julie Newman

Kamillah Knight

Karen Weigert

Katherine Gajewski

Kumar Jensen

Marcelo Bonta

Maureen Kline

Mike Lizotte

Nathalie Green

Nurit Katz

Rochelle March

Sam Hartsock

Taylor Price

Thomas Lingard

Tom Szaky

Valeree Catangay

… ¡Y muchos más!

Gracias a Paige Buxbaum, Cliff Williams, Mollie Freeman, Brittany Pruitt, Hope Wood y Christi Martin por proporcionar con alegría y diligencia su experiencia, comentarios y orientación durante todo el proceso de revisión. Ustedes hicieron que el proceso de escritura fuera aún más colaborativo y enriquecedor. Gracias por brindarme tan amablemente su apoyo y aliento a lo largo de este viaje.

Gracias a Kate Pottebaum y Lauren Anderson por asistirme cuando necesité apoyo para cruzar la línea de meta. Su voluntad de ayudar y dar generosamente su tiempo significó un mundo para mí.

Gracias a Linda Berardelli, Cass Lauer, Eric Koester, Brian Bies, Gjorgji Pejkovski, Zoran Maksimovic, Nikola Tikoski y al resto del equipo de Creator Institute y New Degree Press, sin los cuales este libro no sería posible. Gracias por hacer realidad mi sueño de escribir un libro.

Un agradecimiento especial a todos los que ordenaron con anticipación una copia de mi libro y donaron a mi campaña de prelanzamiento. Ustedes hicieron posible la publicación de mi libro. Muchas gracias por creer en mí:

Abby Hancock, Abigail J. Smith, Adeleke Mogaji, Alex Thompson, Alexa Dava, Alexis Shannon, Ali Morrison, Aliza McHugh, Amanda Houston, Amanda Shim, Amanda Wade, Amy Burrows, Amy Sparks, Andrew Peters, Angèle Bubna, Angella Abushedde, Anna Ganser, Anna Horton, Anna Hwa, Anna La Dine, Anne Jekel, Arielle Snyder, Aseye Agamah, Bárbara McCullough, Ben Kubacki, Bob Stilger, Brandon Craig, Brittany Pruitt, Camille Frey, Candee Anderson, Carla Jasper, Carmen Flores, Casey

Foster, Catherine Wei, Charis Valmores Bootsma, Charissa Fort, Chiu Sum Yeung (Joyce), Christina Wong, Cliff Williams, Corrie Johnson, Charles Peters, Cristina Guevara, Daisy Astorga González, David Mark, Dorothy Mark, Ed Vere, Elim Shanko, Elizabeth Maki, Ella Curry, Emma Beard, Eric Koester, Erin Wessel, Esther Miser, Favor Ezewuzie, Folajimi Fapohunda, Gabidel Miranda, Garrett Pendergraft, George Ojo, Grace Pottebaum, Griffin Walker, Hannah Gibbs, Hannah IsraelMarie, Hannah Westfall, Hayley Anderson, Hope Wood, Ijendu Obah, Is Suiste, Isabella Duenas-Lozada, Jackie Sawyer, Jacquelyn Felcan, Jessica Bubenheim, Jessica Castro, John Mark Daniel, Jorah Griffin, Jordan Perroni, Justin Michelson, Kalena Wong, Karen Babino, Karenna Wade, Karissa Raschke, Kate Pottebaum, Katharine Hodson, Katiana Lee, Katie Boone, Kayla Hurst, Kayley Goertzen, Kimani Francois, Kristen Semple, Laurel Wear, Lauren Anderson, Lauren Tsao-Wu, Layne Maki, Lea Domondon, Lea Phillips, Lindsay Aja, Ling Guo, Liora Hostyk, Liseth Perez, Lukman Dauda, Madison Gulley, Maggie Buford, Maggie Rhee, Marc Hawson, Mark A. Brown, Martin Sommerschuh, Mary Mungai, McKenzie Gallagher, Melissa Bergsneider, Michael Rotimi, Mohammed Abdulkarim, Mollie Freeman, Natasha Brown, Neb Mesfin, Nicole Reppucci, Niko Van Eimeren, Octavia Powell, Olusegun Ajayi, Olusola Oyemade, Patrice Berkley, Rachel Recker, Rhys Webb, Rissa Ho, Robert Mark, Roberta Lanzino, Robinah Mukasa, Rochelle March, Ruth Ellen Bailey Gunter, Sammi Bennett, Samson Bamimore, Sarah Herning, Sarah Holcomb, Sarah Yoon, Sherry Kang, Simona Andreas-Sou, Sinead Mowlds, Sophie Kent, Stefan Jiménez, Suzanne Kimble, Taylor Kirby-Meyer, Taylor Price, Thomas Mogaji, Tramaine Suubi, Valeree Catangay, Verónica Flores, Verónica Goodrum, Yasna Vismale, Zoë Wierenga y muchos otros que eligieron permanecer en el anonimato.

APÉNDICE

______

CAPÍTULO 1

Alter, Charlotte, Suyin Haynes y Justin Worland. "Person of the Year 2019." *TIME*, 11 de diciembre de 2019.
https://time.com/person-of-the-year-2019-greta-thunberg/.

Berinato, Scott. "That Discomfort You're Feeling Is Grief." *Harvard Business Review*, 23 de marzo de 2020.
https://hbr.org/2020/03/that-discomfort-youre-feeling-is-grief.

Boni, Maciej F., Philippe Lemey, Xiaowei Jiang, Tommy Tsan-Yuk Lam, Blair W. Perry, Todd A. Castoe, Andrew Rambaut y David L. Robertson. "Evolutionary origins of the SARS-CoV-2 sarbecovirus lineage responsible for the COVID-19 pandemic." *Nature Microbiology* 5, (Julio 2020): 1408–1417.
https://doi.org/10.1038/s41564-020-0771-4.

Branford, Sue, y Mauricio Torres. "As 2019 Amazon Fires Die Down, Brazilian Deforestation Roars Ahead." *Mongabay*, 23 de octubre de 2019.
https://news.mongabay.com/2019/10/as-2019-amazon-fires-die-down-brazilian-deforestation-roars-ahead/.

Fridays for Future. "What We Do." Accesado el 5 de diciembre de 2020.
https://fridaysforfuture.org/.

Jordan, Rob. "Stanford Researchers Show How Forest Loss Leads to Spread of Disease." *Stanford News*, 8 de abril de 2020.
https://news.stanford.edu/2020/04/08/understanding-spread-disease-animals-human/.

Robbins, Jim. "The Ecology of Disease." *The New York Times*, 14 de julio de 2012.
https://www.nytimes.com/2012/07/15/sunday-review/the-ecology-of-disease.html.

CAPÍTULO 2

Agyeman, Julian. "Just Sustainabilities." *Julian Agyeman: Blog.* 21 de septiembre de 2012.
https://julianagyeman.com/2012/09/21/just-sustainabilities/.

Agyeman, Julian, Robert Bullard, y Bob Evans. "Exploring the Nexus: Bringing
Together Sustainability, Environmental Justice, and Equity." *Space and Polity* 6, no.
1 (2002): 70–90.
https://doi.org/10.1080/13562570220137907.

Doppelt, Bob. *Leading Change toward Sustainability (Second Edition): A Change-
Management Guide for Business, Government, and Civil Society.* Sheffield: Greenleaf
Publishing Limited, 2010.

Dryzek, John S., y David Schlosberg. *Debating the Earth: The Environmental Politics
Reader,* Second Edition. New York: Oxford University Press, 2005.

Elkington, John. "25 Years Ago I Coined the Phrase 'Triple Bottom Line.' Here's
Why It's Time to Rethink It." *Harvard Business Review,* 25 de junio de 2018.
https://hbr.org/2018/06/25-years-ago-i-coined-the-phrase-triple-bottom-line-heres-
why-im-giving-up-on-it.

World Commission on Environment and Development. *Report of the World
Commission on Environment and Development: Our Common Future.* United
Nations, 1987. 41. Accesado el 5 de diciembre de 2020.
https://sustainabledevelopment.un.org/content/documents/5987our-common-future.pdf.

CAPÍTULO 3

Global Footprint Network. "What Is Your Ecological Footprint? How Many Planets
Do We Need If Everybody Lives Like You? When Is Your Personal Overshoot Day?"
Footprint Calculator. Accesado el 8 de diciembre de 2020.
https://www.footprintcalculator.org/.

Trope, Yaacov, y Nira Liberman. "Construal-Level Theory of Psychological
Distance." *Psychological Review* 117, no. 2 (2010): 1.
https://doi.org/10.1037/a0018963.

World Resources Institute. "Climate Action 2.0: Sparking an Era of
Transformational Climate Leadership." Climate Program, 9 de septiembre de 2020.
Accesado el 9 de septiembre de 2020.
https://www.wri.org/events/2020/09/climate-action-20-sparking-era-
transformational-climate.

CAPÍTULO 4

Du Plessis, Chrisna y Peter Brandon. "An Ecological Worldview as Basis for a
Regenerative Sustainability Paradigm for the Built Environment." *Journal of Cleaner
Production,* 109 (2015): 53–61.

Meadows, Donella H. *Thinking in Systems: A Primer.* Edited by Diana Wright. White
River Junction: Chelsea Green Publishing Company, 2008.

Schein, Steve. *A New Psychology for Sustainability Leadership: The Hidden Power of Ecological Worldviews*. Sheffield: Greenleaf Publishing Limited, 2015.

Strumse, Einar. "The Ecological Self: A Psychological Perspective on Anthropogenic Environmental Change." *European Journal of Science and Theology* 3, no. 2 (Junio 2007): 7–12.
https://www.researchgate.net/publication/233782231_THE_ECOLOGICAL_
SELF_A_PSYCHOLOGICAL_PERSPECTIVE_ON_ANTHROPOGENIC_
ENVIRONMENTAL_CHANGE.

US Geological Survey. "Elevations and Distances in the United States." Último cambio 2001.
https://pubs.usgs.gov/gip/Elevations-Distances/elvadist.html#14,000.

CAPÍTULO 6

Gottlieb, Roger S. 1996. *This Sacred Earth: Religion, Nature, Environment. Theodore Walker Jr.* "African American Resources for a More Inclusive Liberation Theology," páginas 310–311.

High Meadows Environmental Institute. "Kimberly Ruffin 'Beauty and Burden: A Black Eco-Citizenship Remix'—PEI Conference 030814." April 5, 2013. Video, 48:02.
https://www.youtube.com/watch?v=gAX4ptzd9yE.

Johnson, Ayana Elizabeth. "I'm a Black Climate Expert. Racism Derails Our Efforts to Save the Planet." *The Washington Post*, 3 de junio de 2020.
https://www.washingtonpost.com/outlook/2020/06/03/im-black-climate-scientist-
racism-derails-our-efforts-save-planet/.

Kellert, Stephen R. *The Value of Life: Biological Diversity and Human Society.* Washington, DC: Island Press [para] Shearwater Books, 1996.

Ruffin, Kimberly N. *Black on Earth: African American Ecoliterary Traditions.* Athens: University of Georgia Press, 2010.

Taylor, Dorceta E. "American Environmentalism: The Role of Race, Class, and Gender in Shaping Activism 1820–1995." *Race, Gender & Class* 5, no. 1 (1997): 16–62.
http://www.jstor.org/stable/41674848.

CAPÍTULO 7

Ranganathan, Malini. "The Environment as Freedom: A Decolonial Reimagining." *Social Science Research Council*, 13 junio de 2017.
https://items.ssrc.org/just-environments/the-environment-as-freedom-a-
decolonial-reimagining/.